ORTOGRAFÍA
LENGUA ESPAÑOLA

Mallorca 45
08029 Barcelona

Londres 247
México 06600, D.F.

21 Rue du Montparnasse
75298 París Cedex 06

Valentín Gómez 3530
1191 Buenos Aires

NI UNA FOTOCOPIA MÁS

ISBN 970-22-1354-1
978-970-22-1354-3

PRIMERA EDICIÓN — 3ª reimpresión

Impreso en México — Printed in Mexico

Índice

Prólogo

LA *Guía Ortográfica y de Estilo* puede ayudar a quienes tengan problemas ortográficos a pesar de haber superado la escolarización elemental. De hecho, el aprendizaje de la ortografía es un proceso continuo. Siempre pueden plantearse nuevas dudas sobre la escritura de ciertas palabras, su acentuación, etc. La misma elaboración de un estilo de redacción propio requiere la consulta de modelos de escritura, sobre todo por lo que se refiere a los signos de puntuación y entonación.

Esta obra comienza exponiendo las reglas de la ortografía de las letras, tanto por ser de obligado cumplimiento como por afectar a un mayor número de palabras. A continuación se atiende a las normas de acentuación. En este caso la normativa es sistemática y exhaustiva, por tanto, incluye todos los casos particulares como puede ser la acentuación de los monosílabos. Respecto a las reglas de los signos de puntuación, se regulan los usos imprescindibles por ser obligatorios y se dan orientaciones sobre los que quien escribe tiene una cierta libertad de elección.

Otros problemas menos generales, pero que no dejan de tener su importancia, también tienen cabida aquí. Las mayúsculas, los numerales, las palabras que se escriben unidas o separadas, los términos que presentan dificultades por similitud con otros, la separación de sílabas al final del renglón, la adaptación de voces extranjeras, las abreviaturas, siglas y acrónimos más habituales, etc.

Cada tipo de problema va precedido de una explicación inicial. Todas las reglas van ilustradas con numerosos ejemplos. Se evitan las reglas que tienen más excepciones que aplicaciones y, por consiguiente, poco productivas. Raramente se recurre en los ejemplos a los nombres propios, por tener éstos una ortografía no sometida a regulación. Los ejercicios se presentan al final de cada apartado, pero no de cada regla, precisamente para evitar su resolución de forma mecánica e inmediata. Los modelos de ejercicios son muy variados para evitar la monotonía del usuario y facilitar la asimilación por distintos caminos. En este sentido hay un amplio abanico de posibilidades, desde los textos de autores consagrados hasta los procedentes de los medios de comunicación. Se ha procurado evitar los ejercicios de corrección pues se ha comprobado que pueden inducir a malos hábitos ortográficos. Al fin y al cabo, la asimilación de la ortografía depende en gran medida de la memoria visual y ésta podría verse afectada por las grafías incorrectas.

Uno de los aspectos más importantes de esta obra es la posibilidad de que cada usuario pueda encontrar sus dificultades ortográficas, pues está dirigida a un gran público. Con esta Guía usted podrá tener un conocimiento sólido de la ortografía y una ayuda muy valiosa para orientar adecuadamente sus escritos.

Introducción

La ortografía es la parte de la gramática que se ocupa de la manera correcta de escribir las palabras. Las normas ortográficas regulan el uso de las letras, de las mayúsculas, de la tilde de acentuación y de los signos de puntuación y entonación.

En español existe una gran correspondencia entre la pronunciación de las palabras y su representación en la escritura, entre los sonidos y las letras, de tal manera que a cada signo escrito le corresponde con bastante aproximación un sonido. Esta correspondencia no es total. La *h*, por ejemplo, que en otro tiempo se pronunciaba como una *j* suave (se decía *jierro* por *hierro*), es actualmente una letra que no representa ningún sonido; la *b* y la *v*, y en algunos casos la *w*, representan el mismo sonido (suena igual *baca* que *vaca*; *wáter* que *váter*). Las faltas de correspondencia entre el habla y su representación escrita no terminan aquí.

Las letras *c*, *k*, *q* tienen el mismo sonido en determinados casos *(cosa, kilómetro, quirófano)*. La *c* y la *z*, si van delante de *e*, *i*, se pronuncian igual (*ácimo* y *ázimo*). La *g*, ante *e*, *i*, suena como *j (gemir/tejer, rugir/crujir)*. La *x* representa dos sonidos seguidos en algunos casos (por ejemplo, en *examen*, pronunciado *eksamen*) y en otros uno (*extranjero*, pronunciado *estranjero*). En los territorios donde es habitual el seseo —mayoritarios entre los de habla española—, las sílabas *za, ze/ce, zi/ci, zo, zu* se pronuncian como *sa, se, si, so, su* (se dice *sielo* aunque se escriba *cielo*). El ceceo —práctica menos corriente y más localizada que el seseo— consiste en pronunciar las sílabas *sa, se, si, so, su* como *za, ze/ce, zi/ci, zo, zu* (el hablante que cecea dice *zala* por *sala*). Otra confusión muy extendida se produce con el yeísmo, que consiste en pronunciar la *ll* como si fuera *y* (*gallina* se dice *gayina*).

Respecto a las vocales, la representación se ajusta a la pronunciación en todos los casos menos en algunos que afectan a las letras *i* y *u*. La *i* puede escribirse como *y* en algunos casos. En cuanto a la *u*, presenta problemas cuando es muda; si va detrás de *q* o *g* y seguida de *e*, *i*, la *u* no suena *(queso, guiso)*; si se quiere indicar su pronunciación tras la *g*, se colocan sobre ella los dos puntos de la diéresis *(cigüeña, pingüino)*.

Estos desajustes entre la pronunciación y la escritura tienen, en algunos casos, su explicación. Determinadas palabras llevan *h* por razones etimológicas, porque en su origen latino también la llevaban; la distinción gráfica entre *b* y *v* se explica por razones históricas, porque en la Edad Media representaban sonidos distintos, etc. Otras palabras han sufrido cambios en su pronunciación, por lo que su escritura —reflejo de esos cambios— también ha variado con respecto a su origen latino.

En cualquier caso se trata de desajustes que han llevado a muchos a preguntarse por qué no se simplifica la ortografía, esto es, por qué no se ajusta totalmente el abecedario a los sonidos, suprimiendo la letra *h*, que no corresponde a ningún sonido, unificando la *j* y la *g* cuando representan el mismo sonido, reduciendo a una sola las letras *b* y *v*, etc.

La reforma ortográfica es una tarea que periódicamente se han ido planteando y abordando los gramáticos. No se escribe hoy como se escribía en la Edad Media. La primera *Gramática de la lengua castellana*, de Antonio de Nebrija (1492), dedica una amplia atención a la ortografía. Posteriormente, a partir de la publicación de su primera *Ortografía* en 1741, la Academia de la Lengua ha ido introduciendo sucesivas modificaciones. Así que no puede afirmarse que la ortografía no vaya renovándose. Basta comparar un texto del siglo XVIII con uno actual para comprobar las diferencias.

A veces se plantea la necesidad de reformar las reglas ortográficas con la pretensión de simplificar la escritura y eliminar, de paso, los errores ortográficos. Sin embargo, ni las propuestas resultan unánimes ni es seguro que su aplicación resultara un éxito, pues se originaría otro tipo de faltas.

Aparte de que no se debe —ni se puede— prescindir de toda una larga tradición, la escritura con arreglo a unas normas cumple un papel que va más allá de la representación de los sonidos. Implica consecuencias morfológicas y léxicas y sirve para suprimir ambigüedades (por ejemplo, las diferencias de significado entre *ha*, del verbo *haber*, y *a*, preposición). Hay que pensar asimismo que la escritura actúa como un medio de contención de la evolución fonética. Si no se fijasen reglas ortográficas muy claras y de uso común, la fragmentación del idioma resultaría un hecho inevitable, pues en cada comunidad se escribiría con arreglo a sus peculiaridades fonéticas. Esto no significa que no haya que abordar nuevas reformas. Todo sistema ortográfico es susceptible de mejoras. Algunas novedades ortográficas podrían —y deberían— regularse de manera muy sencilla; por ejemplo, reduciendo a una sola las dos formas de representación que admiten algunas palabras: *ácimo/ázimo, cebra/zebra, kiosco/quiosco,* etc., podrían simplificarse, respectivamente, como *ácimo, cebra, quiosco,* etc., sin oposición ninguna. Pero en otros casos más complejos las innovaciones deben establecerse con prudencia y sin olvidar nunca que, por ser la lengua un patrimonio común y su ortografía un mecanismo de cohesión entre los hablantes, no puede ser ésta reformada sin un amplio consenso.

Para cualquier persona el conocimiento de la ortografía es una necesidad inseparable de su bagaje cultural. Igual que consideramos vulgarismos propios de la lengua oral *carnecería* en lugar de *carnicería* o *arradio* en lugar de *radio*, debemos considerar vulgarismos propios de la lengua escrita todo tipo de faltas de ortografía, tanto las que atañen al buen uso de las letras, como las que suponen errores u omisiones de acentuación y puntuación. Puesto que la ortografía enseña a escribir correctamente las palabras y las palabras son un medio para expresar nuestro pensamiento, mostrar interés por corregir las propias faltas ortográficas no es sino un medio de mejorar nuestras posibilidades de comunicación con los demás.

Aunque la ortografía española sea más fácil que la francesa o que la inglesa, su aprendizaje no siempre resulta tarea rápida. Los maestros que enseñan gramática suelen decir que la ortografía se aprende leyendo con atención y se conserva con la práctica reiterada de la escritura. Y tienen razón, pues las formas de las palabras escritas *entran a la memoria por los ojos*. Pero como no todos los individuos leen con la misma frecuencia ni con el mismo interés, muchos tienen problemas ortográficos.

Las reglas ortográficas constituyen una ayuda para todos aquellos que tengan errores de ortografía. Una ayuda relativa, pues si bien representan un intento de reducir a normas generales el uso correcto de las letras, no todos los problemas ortográficos pueden ser sistematizados. Es decir, hay muchas palabras cuya escritura no se atiene a regla alguna. Por ejemplo, los nombres propios; por eso podemos encontrar escrito igual *Jiménez* que *Giménez*, *Helena* y *Elena*, *Iriarte* e *Yriarte*, etc.

Si bien en el caso de las letras puede hablarse de ortografía *arbitraria* para aludir a aquella que no tiene ninguna justificación —ni etimológica ni histórica—, en otros aspectos, sin embargo, las reglas ortográficas son más exactas, por ejemplo en la acentuación. Respecto a la ortografía de las mayúsculas y de los signos de puntuación, aunque algunas reglas de su uso sean muy claras, otras dependen de la intención o del estilo de cada uno.

Pensemos, a modo de resumen de lo dicho, en esta contradicción: las normas ortográficas tienden a la estabilidad, como toda norma si quiere ser útil, a pesar de que algunas de ellas puedan ser cambiadas a lo largo de la historia, pero regulan un ente dinámico, vivo, cambiante por naturaleza como es una lengua. Los hablantes constantemente inventamos nuevas palabras o deformamos algunas de las existentes, los medios de comunicación introducen a menudo vocablos extranjeros, los nuevos aparatos técnicos exigen nuevas palabras, etc. Todo ello crea problemas ortográficos. ¿Debemos aceptar como correctas palabras como *sociata* por *socialista, bocata* por *bocadillo*? Cada vez hay más gente que tiene problemas para distinguir palabras como *pollo* y *poyo,* pues se va extendiendo la igualación fonética entre la *ll* y la *y* intervocálicas. ¿Cómo adaptar las palabras extranjeras? Algunas se siguen escribiendo con la grafía de su lengua original, como *whisky,* a pesar de los reiterados intentos de generalizarla en su forma adaptada, *güisqui.* Por suerte, algunos vocablos nuevos son de fácil adaptación, como el del aparato informático llamado *módem.* Ante esta avalancha de presiones, ¿es conveniente un cambio constante de normas o hay que mantenerlas dejando la libertad de adaptar las novedades a los usuarios de la lengua?

Los académicos de la lengua española han optado por la actitud flexible y prudente de mantener las normas básicas (nos referimos a reglas como la del empleo de *m* delante de *b* y de *p,* por ejemplo) y dar orientaciones periódicas de cómo adaptar o regular las novedades que se producen. Hay que tener en cuenta que el aprendizaje de la ortografía es un proceso lento en la historia personal. Una vez asimiladas las normas por una persona, sería desconcertante tener que interiorizar cambios frecuentes y si éstos se dieran cabría el peligro de que cayeran en la desalfabetización personas que habían sido competentes en este terreno. Por otra parte, como se ha dicho anteriormente, la adecuación total entre fonética y escritura, entre palabras admitidas y formas novedosas, nunca puede ser total en razón de la naturaleza dinámica de la lengua y de su diversidad regional, social e, incluso, individual.

El usuario de la lengua puede tener la tranquilidad de que su esfuerzo por asimilar la ortografía no es baldío, pero debe adquirir el hábito de consultar, cada vez que le asalte la duda, un buen diccionario para cerciorarse de las formas admitidas y, en último término, siempre queda el recurso de usar comillas o letra cursiva para señalar vocablos o modismos no regulados. Sólo con respeto a las convenciones de la lengua escrita se evita la disgregación de un patrimonio común y se facilita la comunicación y el buen entendimiento entre los hablantes de una lengua.

La ortografía de las letras

La ortografía de las letras no siempre está justificada. Unas veces responde a razones históricas o etimológicas, otras obedece a la necesidad de simplificar algunos conjuntos consonánticos, pero en ocasiones la solución ortográfica es inmotivada. Esto exige una clarificación entre palabras que se atienen a reglas y las excepciones y, por tanto, un mayor esfuerzo para memorizar las distintas grafías.

En este apartado se incluye la regulación de los usos de aquellas letras que presentan habitualmente más problemas ortográficos. Como la ortografía de las vocales responde a la representación de los sonidos respectivos y sólo ofrecen alguna dificultad la *i* —que puede representarse en la escritura por *i* o *y*, según los casos— y la *u* —en la distinción de *gue/gui* respecto a *güe/güi*—, no tiene que extrañar que empecemos con la ortografía de las consonantes, ordenadas de mayor a menor complejidad. Así que empezamos por la distinción entre *b*, *v* y *w*, letras que por no diferenciarse en la pronunciación, crean numerosas dudas respecto a cuál debe escribirse en cada caso. La *h*, en cambio, puede inducir a falta ortográfica por no representar ningún sonido (suena igual una palabra con *h* que sin ella). Las dificultades entre la *g* y la *j* derivan del hecho de que ambas letras coinciden en el mismo sonido delante de algunas vocales: e, *i*. La confusión entre *ll* e *y* (fenómeno llamado *yeísmo*) está cada vez más extendida, por lo que conviene asimilar sus usos diferentes.

Otras fuentes de problemas son el *seseo* y el *ceceo*. Consiste el primero en pronunciar *s* en vez de *z* y de *c*, cuando va delante de *e* y de *i*, y el segundo, en asimilar la *s* al sonido de la *z*. Asimismo la identificación de la *x* con la *s* puede causar confusiones ortográficas. Las letras *m* y *n*, por una parte, la *r* y la *rr*, por otra, así como los usos de *b/p*, *d/t/z* y *c/k/q*, son también objeto de regulación por prestarse a errores. En cuanto a la ortografía de los grupos consonánticos iniciales poco corrientes en nuestro idioma (*gn* de *gnomo*, *mn* de *mnemotecnia*, *pt* de *pterodáctilo*, etc.), como todos tienden a simplificarse en la pronunciación y muchos de ellos en la escritura, debe señalarse que se tratan en un apartado específico (→ *Palabras con dos grafías*).

Hay que tener en cuenta que las reglas sobre las letras no siempre abarcan todos los casos posibles, por lo que recomendamos una vez más la necesidad de leer prestando siempre atención a la forma de las palabras y de consultar las reglas o el diccionario ante las dudas.

Uso de *b*, *v* y *w*

La coincidencia de *b*, *v*, y a veces *w*, en un mismo sonido hace que ésta sea una de las principales dificultades ortográficas del español. En la Edad Media el sonido representado por *v* era fricativo, pero ya en el siglo XVI pasó a ser oclusivo y, por tanto, a confundirse con *b*. En algunas zonas de América se conserva todavía la antigua distinción fonética. Aquí presentamos las reglas más útiles por su enunciado sencillo y el escaso número de excepciones.

1. Se escriben con *b* los verbos *haber*, *deber* y *beber* y todos los que acaban en *-buir* y *-bir*, menos *hervir*, *servir* y *vivir* y sus derivados:

atribuir	incumbir	sucumbir
distribuir	inhibir	transcribir
imbuir	escribir	prohibir
retribuir	subir	percibir
contribuir	recibir	concebir
redistribuir	cohibir	exhibir

2. Se escriben con *b* las formas verbales acabadas en *-aba*, *-abas*, *-ábamos*, *-abais*, *-aban* del pretérito imperfecto de indicativo de los verbos terminados en *-ar* y el mismo tiempo del verbo *ir*:

cantaba	esperaba	iba
bailábamos	consultaban	ibas
luchaba	tomabas	iba
cambiaba	propulsaban	íbamos
combinaba	tocabais	ibais
considerabais	pensabas	iban

3. Se escriben con *b* las palabras acabadas en *-bilidad*, *-bundo* y *-bunda*:

contabilidad	imposibilidad	meditabundo
debilidad	responsabilidad	moribundo
disponibilidad	visibilidad	nauseabundo
estabilidad	errabundo	pudibunda
fiabilidad	furibundo	vagabunda
amabilidad	tremebundo	cogitabundo

4 Se escriben con *b* todas las palabras en las que este sonido va seguido de cualquier consonante *(bl*, *br*, *bs*, *bd*, *bj*, *bt*, *bv)*:

asamblea	obsceno	obtención
cable	abdicar	obtuso
cumbre	súbdito	obvio
nombrar	objeción	subvencionar
abstracto	subjetivo	subvertir

5 Se escriben con *b* las sílabas iniciales *bu-*, *bur-* y *bus-*, excepto *vudú*:

bucle	buche	burgués
buque	bufanda	burla
búho	bufar	burdo
bujía	buzo	buscar
bula	bulimia	busto

6 Se escriben con *b* las palabras que empiezan por los sonidos *bea-*, *abo-* y *abu-*, menos *vea*, etc., del verbo *ver*, el término jurídico *avocar* y los nombres de ave *avoceta*, *avutarda* y *avucasta*:

beato	abochornar	abuelo
beatería	abofetear	abubilla
abortar	abogacía	abúlico
abocetar	abolengo	abundancia
abominar	abolición	aburrido

7 Se escriben con *b* las palabras con los prefijos *bibli-* y *biblio-*, que significan 'libro', y *bio-*, que significa 'vida':

biblioteca	biodegradable	biopsia
bibliófilo	biofísica	bioquímica
bíblico	biogénesis	biorritmo
bibliografía	biografía	biosfera
biblioteconomía	biología	biotopo

8 Se escriben con *b* los prefijos *bien-*, *bene-* y *ben-*, que significan 'bien':

bienaventurado	beneficencia	beneplácito
bienestar	beneficiar	benevolencia
bienhechor	beneficio	benévolo
bienvenido	benéfico	bendecir
benefactor	benemérito	bendición

9 Se escriben con *b* los prefijos *bi-*, *bis-* y *biz-*, que significan 'dos' o 'dos veces'. Quedan excluidas palabras como *virrey* o *vizconde* por provenir del prefijo *vice-*, que significa 'en lugar de':

bicameral	bífido	bisabuelo
bíceps	bigamia	bisojo
bicicleta	bilabial	bisnieto
bicolor	bilingüismo	biznieto
bienio	bimotor	bizcocho

10 Se escriben con *v* las formas verbales con este sonido cuyo infinitivo no lo contenga, como *ir*, *andar*, *estar*, *tener* y sus derivados, salvo las del pretérito imperfecto de indicativo: *iba*, *andaba*, etc.:

estuve	sostuviese	voy
anduve	anduviéramos	vas
tuve	mantuviera	va
contuve	retuviese	vaya
entretuve	contuviere	ve

11 Se escribe *v* después de las consonantes *d*, *b* y *n*:

advenedizo	adversativo	subvención
advenimiento	adverso	envidia
adventicio	advertir	invariable
adverbial	advocación	invasión
adversario	obvio	invención

12 Se escriben con *v* las palabras que empiezan por la sílaba *di-* seguida del sonido *b*, excepto *dibujo* y sus derivados:

diva	diversificar	divino
diván	diversión	divisa
divagar	división	divisar
divergir	dividir	divorcio
diverso	divieso	divulgador

13 Se escriben con *v* las palabras que empiezan por *eva-*, *eve-*, *evi-*, *evo-*, menos *ébano*, *ebanista*, *ebonita* y otras de escaso uso:

evasión	evento	evitar
evaporación	eventual	evocar

evanescente	evidencia	evo
evacuar	evitable	evolución
evangelio	evidenciar	evolutivo

14 Se escriben con *v* las palabras que llevan el prefijo *vice-*, *viz-*, *vi-*, que significa 'en lugar de':

vicerrector	vicesecretario	vizconde
vicepresidente	vicecónsul	vizcondado
vicedirector	vicecanciller	virrey
vicealmirante	vicetiple	virreinato
vicetesorero	viceversa	virreinal

15 Se escriben con *v* los adjetivos que acaban en *-ave*, *-avo*, *-eva*, *-eve*, *-evo*, *-iva* e *-ivo*, menos los derivados de *sílaba*: *monosílabo*, *bisílabo*, *trisílabo*, etc.:

grave	onceavo	longevo
suave	quinceavo	ofensiva
bravo	breve	pensativa
eslavo	leve	comprensivo
octavo	nueve	compasivo

16 Se escriben con *v* las palabras llanas terminadas en *-viro*, *-vira* y las esdrújulas terminadas en *-ívora*, *-ívoro*, menos *víbora*:

triunviro	herbívoro	piscívora
decenviro	granívoro	insectívoro
carnívoro	omnívora	frugívoro

17 Se escriben con *v* los verbos acabados en *-ervar* y *-olver*, menos *desherbar* y *exacerbar*:

reservar	volver	resolver
envolver	conservar	preservar
revolver	devolver	disolver
enervar	observar	absolver

18 Llevan *v* las palabras derivadas y compuestas de las que se escriben con *v*:

villa	venir	viejo
villano	avenida	vejez

villanía	sobrevenir	envejecer
villancico	desavenencia	vejestorio
villorrio	avenirse	ropavejero

19 Se escriben con *w* algunas palabras de origen extranjero (→ el apartado *Adaptación de palabras extranjeras*). Las hay que han sido adaptadas con *v*, como *váter*, *vatio*, *vagón* del inglés, o *vals* del alemán. Las palabras alemanas suelen leerse con el sonido *b*: *Wagner*, *Wamba*, *wolframio*, *Weimar*; las inglesas, con el sonido *u* semiconsonántico: *whisky*, *Washington*:

wagneriano	westfaliano	walón
washingtoniano	wolframio	wellingtonia
weberio	twist	whisky
weimarés	cowboy	kiwi
sándwich	windsurf	clown

20 Muchas palabras pueden escribirse con *b* o con *v*, según lo que signifiquen (→ el apartado *Palabras que se pronuncian igual*):

acerbo	acervo
baca	vaca
bacante	vacante
bacía	vacía
balón	valón

Uso de *h*

La letra *h (hache)* no se pronuncia; es, por tanto, una letra muda. Se mantiene en la escritura por razones etimológicas. Puede preceder a cualquier vocal, pero a ninguna consonante. Su presencia entre vocales no impide la formación de diptongos *(ahu-ma-do)* ni su ruptura *(a-hú-ma)*. Unida a la letra *c* sirve para representar el sonido *ch*.

1. Se escriben con *h* todas las formas de los verbos cuyo infinitivo empiece por esta letra, con sus correspondientes derivados y términos de la misma familia:

haber	habidero	herir
hacer	hacienda	hostigar
hablar	habladuría	honrar
hallar	hallazgo	halagar
habitar	hervir	hurgar
habituar	heredar	hurtar

2. Se escriben con *h* las palabras que empiezan por los diptongos *ia*, *ie*, *ue* y *ui*:

hiato	hierba	hueco
hielo	huelga	huevo
hiena	huella	huésped
hierro	huerto	huida
hierático	hueste	huizache
hiedra	huérfano	huisquil

3. Se escriben con *h* los compuestos, derivados y términos que se emparenten por su origen con las palabras que se incluyen en la regla anterior, menos algunos emparentados con *hueso*, *huevo*, *hueco* y *huérfano*, que no presentan diptongación en la sílaba inicial, como *osario*, *oval*, *oquedad* y *orfanato*:

hiante	herbívoro	ahuecar
helado	holgar	huevera
hiénido	hollado	hospedar
herrero	hortelano	huidizo
hieratismo	hostil	rehuir
hierbabuena	herradura	hospicio

4 Se escriben con *h* las palabras que llevan los siguientes prefijos griegos:

hecto-, significa 'cien': hectárea.
helio-, significa 'sol': heliocéntrico.
hema-, hemato-, hemo-, significa 'sangre': hemorragia.
hemi-, significa 'medio': hemisferio.
hepat-, significa 'hígado': hepatitis.
hepta-, significa 'siete': heptaedro.
hetero-, significa 'diferente': heterosexual.
hexa-, significa 'seis': hexasílabo.
hial-, significa 'vidrio': hialino.
hidro-, hidra-, significa 'agua': hidráulico.
higro-, significa 'humedad': higrómetro.
hip-, hipo-, significa 'caballo': hípica.
hiper-, significa 'superioridad, exceso': hipertensión.
hipo-, significa 'por debajo de': hipodermis.
holo-, significa 'entero': holocausto.
homeo-, significa 'parecido': homeopatía.
homo-, significa 'igual': homogéneo.

5 Se escriben con *h* las palabras que empiezan por los grupos *hum-*, *horm-* y *horr-* seguidos de vocal (a excepción de *uma*, *umero*, *umí*, *ormesí*, *orre* y otras igualmente poco habituales) y las que empiezan por *herm-*, *hern-* y *holg-* (a excepción de *ermita* y sus derivados):

humanidad
hormiga
horror
humor
hermético
hermoso
hermano
hernia
holgazán
hermafrodita
horrible
hormona

6 Se escriben con *h* las palabras que empiezan por los sonidos *histo-* y *hosp-*:

historia
historicismo
hospicio
hospedería
hospital
historiografía
histología
historiado
historieta
hospitalario
histozima
histoplasmosis

7 Se escriben con *h* las interjecciones siguientes:

¡ah!	¡eh!	¡oh!
¡hala!	¡hola!	¡hale!
¡uh!	¡bah!	¡hurra!
¡huy!	¡hi, hi, hi!	¡hospa!

8 Muchas palabras pueden escribirse con *h* o sin ella, según lo que signifiquen (→ el apartado *Palabras que se pronuncian igual*):

hatajo/atajo	hasta/asta	hay/ahí/ay
azahar/azar	hojear/ojear	he/eh/e
hierro/yerro	huso/uso	haya/halla/aya
honda/onda	hora/ora	haré/aré

9 Se escriben con *h* intercalada las palabras que llevan el diptongo *-ue-* precedido de una vocal:

cacahuate	vihuela	aldehuela
correhuela	parihuela	quebrantahuesos
alcahuete	cacarahue	crehuela
ahuevado	ahuehuete	picardihuela

10 Se escriben con *h* intercalada las palabras derivadas de la palabra latina *haerere*, que significa 'estar unido':

adherencia	coherencia	inherencia
adhesión	cohesión	incoherencia
adhesivo	coherente	inherente
adherir	cohesivo	incoherente

11 Se escriben indistintamente con *h* o sin ella, sin que cambie el significado, algunas palabras (→ el apartado *Palabras con dos grafías*):

¡ale!	¡hale!
armonía	harmonía
desarrapado	desharrapado
harrear	arrear
hierba	yerba
baraúnda	barahúnda
sabiondo	sabihondo

arpa	harpa
harriero	arriero
harpía	arpía

 La *h*, como excepción, puede encontrarse antes de una consonante o al final de la palabra en el caso de palabras provenientes de las lenguas indígenas:

Cuauhtémoc: del náhuatl, designa al último emperador azteca.
Coyolxauhqui: del náhuatl, designa una deidad del panteón náhuatl.
Mahdia: del árabe, ciudad y puerto de Túnez.
Chandīgarh: del hindi, ciudad de la India, capital de los estados de Panjāb y Haryana.

Uso de *g* y *j*

La principal dificultad en el uso de la *g* y de la *j* reside en el hecho de que, ante las vocales *e, i,* estas consonantes representan el mismo sonido *j*. Para mantener el sonido de *ga, go, gu,* delante de las vocales *e, i,* se escribe *gue, gui,* con *u* muda: *guerra, guiso*. Para que suene la *u* en esta situación debe llevar diéresis: *paragüero, pingüino*. La jota siempre representa el mismo sonido: *ajo, lejía*.

1. Se escriben con *g* las palabras que empiezan por *gest-*, *gene-* o *geni-*, menos *jenízaro* y *jeniquén*:

gesto	gestatorio	género
gestar	gestoría	general
gesticular	genésico	genitivo
gestual	generoso	genital
gestante	génesis	genial

2. Se escriben con *g* las palabras que empiezan por *leg-*, menos *lejía*:

legendario	legislar	legítimamente
legionario	legislativo	legitimidad
legible	legislador	legitimista
legión	legislatura	legítimo
legionense	legislación	legitimar

3. Se escribe con *g* el prefijo o compuesto griego *geo*:

geocéntrico	geomancia	geómetra
geodesia	geometría	geógrafo
geofísica	geopolítica	geofísico
geografía	geoquímica	hipogeo
geología	geórgica	apogeo

4. Se escriben con *g* los compuestos y derivados de *logos*:

lógica	filología	cardiología
logística	filológico	cronología
apología	analógico	topología
podología	antropología	espeleología
sociológico	psicología	teología

5 Se escribe con *g* el grupo de letras *inge*, cualquiera que sea su posición, menos *injerto*, *injerirse,* 'entrometerse', y sus derivados:

ingenio	ingénito	ingestión
ingeniar	ingente	ingeniatura
ingeniero	ingenuo	ingenerable
ingeniería	ingerir	esfinge
ingeniosidad	ingenuamente	laringe

6 Se escriben con *g* los verbos terminados en *-igerar*, *-ger* y *-gir*, menos *tejer* y *crujir*:

aligerar	proteger	fingir
morigerar	recoger	mugir
refrigerar	afligir	regir
coger	dirigir	rugir
emerger	exigir	surgir

7 Se escriben con *g* las terminaciones *-gen*, *-gélico*, *-gético*, *-genario*, *-génico*, *-géneo*, *-genio*, *-gésimo*, *-gesimal*, *-génito* y sus femeninos, menos *jején* y *comején*:

virgen	cinegético	genio
origen	energético	trigésimo
imagen	nonagenario	sexagesimal
angélico	fotogénico	primogénito
evangélico	heterogéneo	congénito

8 Se escriben con *g* las terminaciones *-gente* y *-gencia*:

inteligente	regente	diligencia
vigente	convergente	indigencia
diligente	divergente	regencia
astringente	inteligencia	agencia
agente	vigencia	divergencia

9 Se escriben con *g* las terminaciones *-gia*, *-gio*, *-gión*, *-gional*, *-ginal*, *-gionario*, *-gioso*, *-gírico*, y sus femeninos. No entran en esta regla las palabras con hiato como *bujía*, *herejía* y *lejía*:

magia	región	correligionario
antropofagia	marginal	prodigioso

litigio	original	religioso
regio	regional	prestigioso
religión	legionario	panegírico

10 Se escriben con *g* las terminaciones *-ígena*, *-ígeno*, *-ígero*, *-ígera*:

alienígena	antígeno	flamígero
indígena	oxígeno	alígera

11 Se escriben con *j* las palabras terminadas en *-aje*, *-eje*, *-jería* y sus compuestos y derivados, menos *ambages* y las formas derivadas de verbos con *g* en el infinitivo, como *cogería*:

embalaje	eje	brujería
pasaje	esqueje	cerrajería
oleaje	fleje	mensajería
garaje	hereje	conserjería
viaje	tejemaneje	relojería

12 Se escriben con *j* las palabras que empiezan por *aje-* y *eje-*, menos *agenda*, *agencia*, *agente* y otras de la misma familia:

ajeno	ejemplo	ejecutivo
ajedrez	ejemplar	ejecutoria
ajenjo	ejemplificar	ejercer
ajeo	ejército	ejecutar
ajetreo	eje	ejercicio

13 Se escriben con *j* las formas verbales de los verbos terminados en *-jar* y, dicho en general, todas las palabras derivadas de aquellas que se escriben con *j*:

despejé	bajemos	vejete
empujemos	atajen	vejestorio
repujé	pujé	ropavejero
trabajemos	dejé	envejecer
dibujé	rajé	envejecimiento

14 Se escriben con *j* los verbos terminados en *-jear*:

ojear	homenajear	burbujear
canjear	hojear	cojear

callejear	masajear	trajear
chantajear	ajear	carcajear

15 Se escriben con *j* las formas verbales con el sonido *je*, *ji*, cuyos infinitivos no lo tienen:

conduje	contraje	bendije
atrajeras	dijesen	contradijimos
redujisteis	abstraje	sedujiste
produjeses	retraje	aduje
dedujiste	sustrajeron	trajeran

16 Se escribe *j* a final de palabra, excepto *zigzag*, pero nunca a final de sílaba que no sea final de palabra:

reloj	almiraj	troj
boj	carcaj	borraj

17 El sonido *g* a final de sílaba se aproxima al sonido *j* o al sonido *k*, según las distintas pronunciaciones. Se escribe *g* delante de todas las consonantes que no sean *c* o *t*, salvo en el caso de *arácnido*, *facsímil*, *fucsia*, *estricnina*, *técnica* y sus derivados y compuestos:

digno	benigno	diafragma
ignorancia	agnóstico	enigma
magnífico	consigna	dogma
impregnar	ignición	estigma
designar	amígdala	magdalena

18 Como sabemos por la regla general, para que suene la *u* de *gue*, *gui*, debemos ponerle siempre diéresis (→ el apartado *La diéresis*):

agüero	güincha	pedigüeño
bilingüe	güiro	pingüe
camagüeyano	lengüeta	pingüino
cigüeña	nicaragüense	ungüento
desagüe	paragüero	vergüenza

Uso de *i, y*

La principal dificultad en el uso de *i* e *y* radica en el hecho de que la vocal *i* puede representarse por las letras *i (i latina)* o *y (i griega)*. Como la primera es la empleada normalmente, aquí sólo se regulan los casos en que pudieran confundirse. La *y*, en cambio, sólo representa el sonido vocálico de la *i* si va sola *(conjunción y)*, delante de consonante *(Ybarra)* o en final de palabra *(rey)*.

1. Se escriben con *i* las palabras que empiezan por este sonido seguido de consonante (no cuentan los nombres propios como *Induráin/Ynduráin*, *Iriarte/Yriarte*, etc.):

iglesia	insolación	idea
ibis	iglú	ileso
iluminar	ilusionado	imán
impresión	ípsilon	israelí
insecto	isla	intacto

2. Si el sonido inmediato a la *i* en posición inicial de palabra (o de sílaba) es otra vocal, la *i* se consonantiza y se convierte en *y*. Se exceptúan las palabras que empiezan por *h*, además de *iátrico*, *iota*, *ion*, *paranoia* y sus derivados respectivos:

yacer	yogur	yarda
yeso	yayo	yoga
yóquey	yoyó	mayor
yodo	yonqui	bayeta
yute	yugo	cobaya

3. Se escriben con *i* las palabras agudas que terminan con este sonido en posición tónica:

bisturí	fui	vi
sonreí	mordihuí	carmesí
borceguí	berbiquí	maorí
huí	esquí	zahorí
frenesí	aquí	salí

4 Se escriben con *y*, además de la conjunción copulativa *y*, las palabras agudas que terminan con este sonido en posición átona:

aguaribay	muy	guay
buey	caray	guirigay
ley	maguey	verdegay
¡huy!	rey	hay
vacabuey	grey	mamey

5 El plural de las palabras de la regla 4 se resuelve mediante dos soluciones distintas. Las palabras de introducción reciente suelen formar su plural añadiendo una *-s* y convirtiendo la *y* en *i* (primera columna). Las palabras con más tradición en el habla forman su plural añadiendo *-es* y conservando la *y* (segunda columna):

jerséis	reyes
samuráis	leyes
guirigáis	ayes
paipáis	convoyes
espráis	careyes
bonsáis	bueyes

6 El plural de las palabras de la regla 3 se forma añadiendo *-es* en aquellas que llevan acento ortográfico:

bisturí	bisturíes
borceguí	borceguíes
frenesí	frenesíes
berbiquí	berbiquíes
esquí	esquíes
carmesí	carmesíes
maorí	maoríes
zahorí	zahoríes

Uso de *y, ll*

Respecto a la dificultad en el uso de *ll* (considerada antes una letra independiente, la *elle,* ahora se engloba alfabéticamente dentro de la *ele*) e *y* consonántica *(ye),* hay que decir que representan sonidos distintos, aunque algunos hablantes las pronuncien igual. Este fenómeno *(el yeísmo)* consiste en pronunciar la *ll* como si fuera *y* (consonántica), sin distinguir, por ejemplo, entre *poyo* y *pollo.*

1. Se escriben con *y* las palabras compuestas y derivadas de otras que llevan este sonido (o su expresión gráfica):

enyesar	paraguayo	uruguayo
subyugar	adyacente	yacimiento
subyacer	yesquero	yuntero

2. Se escriben con *y* las palabras que contengan la sílaba *-yec-*:

abyecto	proyecto	inyectar
trayecto	deyección	proyectil
proyector	anteproyecto	inyección

3. Se escriben con *y* algunas formas de ciertos verbos que contienen este sonido sin que en su infinitivo aparezca *ll*:

concluye	destruyó	diluyera
disminuya	oyese	cayera
huyendo	poseyera	yendo

4. Se escriben con *ll* todas las palabras que terminan en *-illa* e *-illo*:

tortilla	barquillo	mantequilla
soplillo	bocadillo	visillo
portillo	capilla	casilla

5. Se escriben con *ll* todos los nombres que terminan en *-ullo* y *-ulla* (se exceptúan unos pocos nombres, como *cocuyo*, *puya*, *aleluya* y otros, además de palabras como *suyo*, *cuyo*, *disminuyo*, etc., que no son nombres):

casulla	orgullo	barullo
patrulla	capullo	murmullo
grulla	trullo	zurullo
bulla	hulla	turullo

6. Se escriben con *ll* las formas de todos los verbos cuyo infinitivo termina en *-illar*, *-ullar* y *-ullir*:

rebullir
arrullar
aturullar
ensillar
pillar
orillar
aullar
chillar
maullar

7. Se escriben con *ll* las palabras que empiezan por las sílabas *fa-*, *fo-*, *fu-* (a excepción de algunas, poco usadas, de las que empiezan por *fa-*, como *faya*, *fayado*, *fayanca*, *fayuca* y sus derivados):

fallar
falleba
fallecer
follaje
folla
folletín
fullero
fulla
fullona

8. Muchas palabras pueden escribirse con *y* o con *ll* según lo que signifiquen (→ el apartado *Palabras que se pronuncian igual*):

arroyo/arrollo
cayado/callado
haya/halla
oyar/ollar
ayes/halles
cayo/callo
ayo/hallo
huya/hulla
calló/cayó
gayo/gallo
hoya/holla/oya
maya/malla

9. Se escriben con *ll* todas las formas de los verbos que llevan ese sonido en su infinitivo:

llover
desarrollar
hallar
fallar
chillar
encasillar
llorar
acallar
llamar

10. Se escriben con *y* todas las formas de los verbos que llevan este sonido en su infinitivo:

rayar
soslayar
yacer
yantar
apoyar
ayunar
yirar
yerbear
subrayar
desmayarse
mayar
enyesar

Uso de *z*, *c* y *s*

La letra *z* siempre representa el mismo sonido y se escribe delante de *-a*, *-o*, *-u* *(zarpazo)*. La letra *c*, delante de las vocales *-e*, *-i*, coincide con el sonido que representa la *z* *(cine, cena)*. Delante de *-a*, *-o*, *-u*, la *c* suena *k*: *cuco, capa*. Los problemas ortográficos se complican más en los territorios donde impera el *ceceo* o el *seseo*. Estos fenómenos consisten, el primero, en pronunciar el sonido *z* en lo que debería ser *s* y, el segundo, en pronunciar *s* en lugar del sonido *z*.

1. La letra *z* sólo se escribe delante de las vocales *-a*, *-o*, *-u*; pero hay algunas excepciones y palabras que admiten las dos grafías (→ los apartados *Palabras que se pronuncian igual* y *Palabras parecidas*):

zigzag	zeta
enzima	zelandés
zéjel	eczema
nazismo	zinc
zigurat	ázimo
zipizape	azimut
zepelín	zenit
zendal	zigoto
azerbaiyano	hertziano

2. Se escriben con *z* delante del sonido *k*, todas las formas verbales cuyo infinitivo termina en *-acer*, *-ecer*, *-ocer* o *-ucir*:

merezco	produzca	crezco
reverdezca	merezcáis	deduzcas
conduzco	nazca	entorpezco
induzca	traduzca	renazcáis
conozcan	fenezcamos	yazca

3. Se escribe con *z* el sufijo aumentativo *-azo*, que también tiene el significado de 'golpe dado con aquello que el nombre designa':

hombrazo	zarpazo	brochazo
gatazo	portazo	mazazo
perrazo	codazo	carpetazo
rollazo	jetazo	puñetazo
broncazo	martillazo	pinchazo

4 Se escriben con *c* los verbos acabados en *-acer* y *-ecer*:

nacer	pacer	padecer
complacer	reverdecer	florecer
hacer	enternecer	entristecer
satisfacer	anochecer	enmudecer
yacer	merecer	obedecer

5 Se escriben con *c* las palabras terminadas en *-ácea*, *-áceo*, *-ancia*, *-encia*, *-cia*, *-cio*, menos *ansia*, *hortensia*, *Asia* y ciertas palabras que proceden del griego como *magnesio*, *eutanasia*, *eugenesia*, *anestesia*, *amnesia*, etc.:

herbácea	violáceo	conciencia
oleácea	distancia	gracia
rosácea	perseverancia	milicia
cetáceo	trashumancia	novicio
sebáceo	paciencia	vicio

6 Para distinguir entre las palabras que terminan en *-ción* y *-cción*, en caso de que la pronunciación personal no las distinga, hay que fijarse en si aparece el grupo consonántico *ct* en la palabra primitiva o en las derivadas, según sea la palabra derivada o primitiva; si aparece, se escribe *cc*:

calefacción	(calefactor)
contracción	(contracto)
ficción	(ficticio)
infección	(infecto)
atracción	(atractivo)
destrucción	(destructivo)
afección	(afecto)
putrefacción	(putrefacto)

7 Respecto a las palabras acabadas en *-ción* o *-sión*, se escriben con *c* los nombres que derivan de verbos acabados en *-ar*, menos los acabados en *-sar* que no conservan la sílaba *sa* del verbo, como *confesión* frente a *compensación* (quedan excluidas las palabras primitivas acabadas en *-sión* que dan verbos derivados en *-ar*, como *ilusión*, *presión*, *visión*, *pensión*, etc.):

asimilación	jubilación	limitación
perforación	población	respiración
situación	violación	mutilación

enajenación	movilización	civilización
comprobación	afirmación	federación

8 Respecto a las palabras acabadas en *-ción* o *-sión*, se escriben con *s* los nom-bres que derivan de verbos terminados en *-sar*, salvo cuando el nombre conserva la sílaba *sa* del verbo; entonces se escribe con *c*:

confesión	progresión	compensación
dispersión	propulsión	improvisación
revisión	regresión	malversación
profesión	revisión	recusación
expulsión	impulsión	tasación

9 Respecto a las palabras acabadas en *-ción* o *-sión*, se escriben con *s* los nombres que derivan de verbos terminados en *-der*, *-dir*, *-ter*, *-tir*, salvo cuando conservan la *d* o la *t* del verbo; entonces se escriben con *c* (***medición*** de ***medir***, ***competición*** de ***competir***, ***repetición*** de ***repetir***):

propensión	(propender)
pretensión	(pretender)
dimisión	(dimitir)
promisión	(prometer)
decisión	(decidir)
incisión	(incidir)
suspensión	(suspender)
diversión	(divertir)
reprensión	(reprender)
inversión	(invertir)
perversión	(pervertir)
comisión	(cometer)
concesión	(conceder)
repercusión	(repercutir)

Uso de *c, k* y *q*

El sonido *k* se representa con c ante las vocales *a, o, u (casa, cola, cuatrero)* y con *qu* ante las vocales *e, i (queso, quiso)*; con *k* en algunas palabras de origen extranjero *(kan, kirie)* y siempre con *c* ante cualquier consonante *(folclor, acto, cromo)*.

1. Se escriben con *c* las palabras que llevan el sonido *k* delante de las vocales *a*, *o*, *u*:

caoba	colocar	cuscús
caos	cogorza	curda
canuto	colega	currar
casta	costa	custodia

2. Se escriben con *c* las palabras que llevan el sonido *k* a final de sílaba y ante cualquier consonante:

cráter	cromo	escrúpulo
claro	cloro	clero
pacto	pictograma	crujiente
pícnico	bistec	coñac

3. Se escriben con *qu* (la *u* no suena) las palabras que llevan el sonido *k* ante *e* o *i*:

queso	esqueje	oquedad
quemar	esquela	quiso
químico	aquí	moquillo
esquimal	moqueta	pasquín

4. Se escriben con *qu* (solución que se recomienda) algunas palabras originariamente escritas con *k*, aunque se admite la doble escritura (→ el apartado *Palabras con dos grafías*):

kiosco	quiosco
kilómetro	quilómetro
kepis	quepis
kilopondio	quilopondio

kiwi	quivi
fakir	faquir
kilogramo	quilogramo
kimono	quimono
kilolitro	quilolitro
kurdo	curdo

5 Se escriben con *k* algunas palabras derivadas de nombres extranjeros (de *Kant*, *kantiano*), otras de reciente importación *(karateca)* y las abreviaturas de otras que designan unidades de peso y medida *(kg)*:

kafkiano	karateca	km
kantiano	koala	kg
krausismo	kiwi	kw
kuwaití	kéfir	kl
anorak	parka	kp

6 Se escriben con *qu* los plurales de las palabras terminadas en *c* más asentadas en la lengua, pero no los de las más recientes:

frac	fraques
cómic	cómics
tic	tics
clac	claques
vivac	vivaques
bloc	blocs
coñac	coñacs
bistec	bistecs

Uso de *x, s* y *c*

La letra *x* representa en la escritura la combinación de los sonidos *ks*. En el habla coloquial se pronuncia como *s* ante consonante *(externo)* y a principio de palabra *(xenófobo)*, como *ks* entre vocales *(taxi, examen)*, y como *gs* en pronunciación culta *(externo, asfixia)*. Por pronunciarse a veces como *s* pueden tenerse dudas sobre su ortografía. En las regiones en que es común el *seseo* o el ceceo, los hablantes pueden confundir los sonidos *ks* (representados como *x*) y *kz* (representados como *cc*). Para evitar esta confusión se recuerdan las siguientes reglas.

1. Se escriben con *x* todas las palabras que contienen el grupo *ks*, tanto si aparece entre vocales como a final de sílaba; se exceptúan las palabras *facsímil*, *fucsia* y sus derivados:

asfixia	éxito	extremidad
exigir	excepción	próximo
tórax	taxi	clímax
exacto	extraño	examen

2. Se escriben con *x* inicial unas cuantas palabras de procedencia griega. Algunas de ellas utilizan para su formación los prefijos *xeno-*: 'extranjero', *xero-*: 'seco' y *xilo-*: 'madera':

xantofila	xenofobia	xerografía
xilófago	xilófono	xilema
xilografía	xifoides	xilórgano
xenófono	xerocopia	xilotila

3. Se escriben con *x* las palabras que empiezan por el grupo de sonidos *ex-* seguido de vocal o de *h*, con las excepciones de *ese*, *esa*, *eso*, *esencia*, *esófago*, *esotérico* y sus correspondientes derivados:

exacción	exangüe	exequias
exhalar	exhaustivo	exhibición
exilio	eximente	exorbitante
exordio	exuberancia	exultante

4 Se escriben con *x* las palabras que empiezan con los prefijos latinos *ex-*: 'fuera de' o 'que fue y ya no es', *exo-*: 'fuera de' y *extra-*: 'por encima de':

exportar	expatriar	expropiar
extractor	extrapolar	extraterrestre
ex marido	ex presidente	ex preso
ex alumno	exotérico	exocrino

5 Se escriben con *x* las palabras que empiezan por la sílaba *ex-* seguida de los grupos *-pla-*, *-ple-*, *-pli-*, *-plo-*, *-pre-*, *-pri-*, *-pro-*, a excepción de *esplendor*, *esplénico*, *espliego*, *esplín* y sus correspondientes derivados. No se incluyen en la regla palabras como *desplante*, *desplomar*, *despreciar*, etc., por no empezar por *ex*:

explanada	explicar	explorar
explayar	expletivo	explotar
expresar	exprimir	expropiar
exprés	ex profeso	expresionismo

6 Se escriben con *x* cuatro grupos de palabras terminadas en *-xión*: *flexión*, *anexión*, *complexión* y *crucifixión*, con sus correspondientes derivados:

reflexión	conexión	genuflexión
inflexión	reflexivo	inconexo
anexo	inflexible	anexionar
flexo	irreflexivo	desconexión

7 Se escriben con *cc* las palabras terminadas en *-ción* que pertenezcan a familias que lleven el grupo *ct*:

acción (acto)	corrección (correcto)
perfección (perfecto)	elección (elector)
dirección (director)	satisfacción (satisfactorio)
insurrección (insurrecto)	selección (selecto)

Uso de *m* y *n*

Por su sonoridad nasal y su grafía similar, estas letras tienden a confundirse delante de consonante. Hay, sin embargo, unas reglas claras y escasas que permiten superar las dudas con mayor éxito que en otros casos.

1 Se escribe siempre *m* delante de *p* y de *b*:

amparar	reemplazar	hambre
estampa	trompa	ombligo
implantar	asombro	limbo
intemperie	embolsar	retumbar

2 Se escribe siempre *n* delante de *v*:

anverso	convivencia	invento
inviolable	convite	convertir
invariable	converso	convento
tranvía	invencible	invertir

3 Se escriben con *m* delante de *n* las palabras simples con estos sonidos, excepto *perenne*. Esta regla no incluye las palabras que llevan prefijos acabados en *n-*: *en-*, *in-*, *circun-*, *con-*, *sin-*, como *ennoblecer*, *innoble*, *connivencia*, *sinnúmero* o *enmendar*, *inminente*:

alumno	calumnia	omnipresente
amnistía	himno	omnisciente
columna	indemne	omnívoro
damnificado	insomnio	solemne

4 Se escriben con *-m* final las palabras latinas, o las extranjeras que han sido asimiladas sin modificaciones; en los demás casos, a final de palabra se escribe siempre *n*, como *camión* y *certamen*:

álbum	memorándum	solárium
boom	módem	tándem
critérium	napalm	tedéum
factótum	pandemónium	telefilm
film	quórum	tótem
harem	referéndum	ultimátum
islam	réquiem	vademécum
médium	slálom	zoom

Uso de *r* y *rr*

El problema de la letra *r* es que puede representar dos sonidos, el vibrante suave o simple y el vibrante fuerte o múltiple. Este último es muy difícil de pronunciar por los hablantes de origen extranjero. Además es fuente de dificultades fonéticas individuales. La posición que estos sonidos ocupen en la sílaba (inicial, intermedia, final) incide en la pronunciación y es importante para determinar su grafía.

1. Se escribe *rr* representando el sonido vibrante fuerte solamente cuando éste va entre vocales:

arrancar
arremeter
arroz
herramienta
horror
derribar

correr
aberración
aburrido
arrebato
corrupto
sierra

arrojadizo
carrera
arriba
burro
terreno
perro

2. Se escribe *r* para representar el sonido vibrante suave sea cual sea su situación. Este sonido nunca aparece a principio de palabra:

caracol
cariño
araña
oruga
garabato
cera

armario
hormiga
prado
brazo
trozo
corneta

guardia
perder
cubrir
acudir
amor
sirena

3. Se escribe *r* para representar el sonido vibrante fuerte a principio de palabra:

rosa
rata
rojo
risa
rubio

razón
ruta
redondo
régimen
rumba

río
resto
reo
reloj
radio

4. Se escribe *r* cuando el sonido vibrante fuerte va precedido por las consonantes *l*, *n*, *s* y después de los prefijos *ab-*, *sub-*, *pos-*, *post-*. La *r*

suena fuerte cuando no forma sílaba con la consonante precedente y la vocal siguiente. Obsérvese la diferencia entre *abrazo* y *subrayar* (*a-bra-zo* y *sub-ra-yar*):

alrededor	posromántico
milrayas	postrenacentista
enredadera	abrogar
enredo	subrogar
honra	subrayar
desriñonar	israelí
desrielar	enrolar

5 Los prefijos acabados en vocal al unirse con palabras que empiezan por *r* dan *rr*. Igual ocurre con palabras compuestas que cumplan las mismas condiciones:

contrarrevolución	pelirrojo
neorrealismo	irreligioso
neorrenacentista	irreverente
neorromántico	irresponsable
contrarreforma	irremediable
pararrayos	contrarreloj
guardarropía	surrealismo

Uso de *d*, *t* y *z*

Hay cierta confusión entre estas letras a final de palabra o de sílaba debido a que la *d* final tiende a pronunciarse en la zona centro de España como *z* y en la zona de influencia catalana, y otras, como *t*.

1 Se escriben con *t* final solamente algunas palabras de origen extranjero (la regla general es que en español no hay palabras acabadas en *t*); algunas admiten doble grafía (→ el apartado *Palabras con dos grafías*). En la edición de 1992 del *Diccionario de la Real Academia Española de la Lengua* no se admiten las palabras *cabaret*, *carnet*, *parquet*, *bufet*, *ticket*, a pesar de ser muy usadas estas grafías, sino las formas *cabaré*, *carné*, *parqué*, *bufé*, *tique*. Las más usadas son:

chalet/chalé	ballet	robot
argot	accésit	fuet
boicot	debut	complot
entrecot	fagot	magníficat
vermut/vermú	spot	set
superávit	zigurat	azimut
jet	tarot	test
salacot	talayot	déficit

2 Se escribe *t* delante de *l*, *m* y *n*, menos en *adlátere*, *adminículo*, *administrar*, *admirar*, *admitir*, *admonición*, *cadmio* y sus derivados y compuestos. Tanto la *t* como la *d*, delante de estas consonantes, están siempre en situación final de sílaba, salvo en algunas palabras mexicanas como *tlachique*, *tlacoyote*, *tlapalería*, etc.:

atlante	algoritmo	atmósfera
atlántico	arritmia	istmo
atlas	aritmética	logaritmo
atleta	leitmotiv	etnia
decatlón	ritmo	vietnamita

3 Se escriben con *d* final las palabras que en plural dan la terminación *des*, como *abad*, cuyo plural es *abades*:

adalid	amistad	altitud
bondad	casualidad	ciudad

densidad	entidad	esclavitud
finalidad	juventud	mitad
sanidad	seguridad	voluntad

4 Se escribe con *d* la forma imperativa plural *(levantad)*; es muy frecuente usar incorrectamente el infinitivo *(levantar)* en funciones de imperativo. Si al imperativo plural se le une el pronombre *os*, la *d* se pierde *(levantaos)*:

aprended	convenced	callaos
sostened	conseguid	convenceos
callad	impulsad	consideraos
corred	rezad	acostaos
pensad	confesad	acercaos

5 Se escriben con *z* final las palabras cuyo plural da la terminación *ces*, como *hoz*, cuyo plural es *hoces*:

pez	paz	cruz
arroz	capaz	veraz
veloz	rapaz	maíz
voz	feroz	torcaz
coz	voraz	avestruz

Uso de *p* y *b*

Estas dos consonantes pueden llegar a confundirse cuando van a final de sílaba, por tener varios rasgos comunes en su pronunciación y diferenciarse sólo en que la *b* es sonora (cuando se pronuncia vibran las cuerdas vocales) y la *p* no.

1. Se escriben con *b* las palabras que empiezan por las sílabas *ab-/abs-*, *ob-/obs-* y *sub-/subs-*, a excepción de *apsara*, *áptero*, *apto*, *opción*, *óptico* y *óptimo*, con sus correspondientes derivados:

abjurar	absceso
abducción	abscisa
abnegar	abstruso
obtener	objeto
obcecar	obscurecer
subscribir	subjetivo
subterráneo	subversión

2. De las palabras incluidas en la regla anterior, algunas de las que llevan la sílaba *obs-* y todas las que llevan *subs-*, aunque admiten doble ortografía, suelen simplificarse (→ el apartado *Palabras con dos grafías*):

obscuro	oscuro
obscurantista	oscurantista
obscurecer	oscurecer
obscuridad	oscuridad
obscurantismo	oscurantismo
subscriptor	suscriptor
substancia	sustancia
substituir	sustituir
substraer	sustraer
substrato	sustrato

3. Se escriben con *b* en final de sílaba algunas palabras que no se acogen a ninguna regla general:

nabab	aeroclub
robda	esnob
club	videoclub
rob	baobab
mihrab	coulomb

4 Se escriben con *p* los prefijos *hept-/hepta-*, que en griego significa 'siete', y *sept-/septi-*, que en latín significa 'siete':

heptasílabo	séptimo
heptaedro	séptuplo
heptágono	septeto
heptámetro	septenario
heptacordo	septuplicar

5 De las palabras incluidas en la regla anterior, las que derivan de *septe-*, aunque admiten la doble ortografía, a veces se simplifican (→ el apartado *Palabras con dos grafías*):

séptimo	sétimo
septiembre	setiembre
septena	setena
séptuplo	sétuplo
septeno	seteno
septenario	setenario

6 Se escriben con *p-* en posición final de sílaba, además de las excepciones de la regla 1, otras palabras que no admiten ser incluidas en ninguna regla general:

óptico	captar
áptero	aséptico
concepto	reptil
acepción	cápsula
interceptar	aceptar
capcioso	concepción
capturar	recepción
aptitud	óptimo

La acentuación

MIENTRAS que en la ortografía de las letras no puede hablarse de reglas exactas, en la ortografía del acento las reglas no dejan lugar a la arbitrariedad. Para establecer estas reglas es necesario recordar primero una serie de conceptos básicos: qué es el acento, qué palabras son átonas y cuáles tónicas, etc.

Se llama *acento prosódico* o *de intensidad* a la mayor fuerza de voz con que se pronuncia una sílaba en relación con las contiguas. La sílaba así destacada se llama *acentuada* o *tónica*, mientras que las otras, por contraste, serán *inacentuadas* o *átonas*. En la palabra *ma-ce-ta*, la sílaba tónica, la que más suena, es la segunda, mientras que las otras dos restantes, pronunciadas más débilmente, son átonas. En *Me lo dio*, la sílaba tónica es la última *(dio)*, mientras que las contiguas son átonas.

Si bien consideradas aisladamente todas las palabras tienen acento prosódico, cuando forman parte de la cadena hablada algunas parecen perderlo. En el ejemplo anterior pronunciamos las tres palabras como si fueran una sola *(melodió)*, gracias a que las dos primeras, por pronunciarse con menos fuerza, parece que se apoyan en el verbo y que forman con él un grupo de sonidos. Semejante fenómeno permite clasificar también las palabras de la cadena hablada en *tónicas* y en *átonas*. Esta división está relacionada en gran medida con la categoría gramatical de las palabras y con sus posibilidades para formar enunciados por sí solas. El pronombre *tú* es tónico, puede aparecer como única palabra de un enunciado *(¡Tú!)*; en cambio, *te*, también pronombre personal, por ser átono, tiene que tener siempre una función complementaria y depender de otra palabra (de un verbo en su caso: *Te vi*, *Te lo di*, etc.).

Son palabras normalmente inacentuadas o átonas: los artículos *(el, la, lo...)*, las preposiciones *(a, de, por, en...)*, varias conjunciones *(y, e, ni, que...)*, los posesivos que preceden al nombre *(mi, tu, su...)*, algunos pronombres personales *(me, te, se, le, lo, la...)*, los relativos *(que, quien, como, donde, cuando...)*, unos pocos adverbios *(tan, aun...)*, ciertos nombres de tratamiento *(don, san, fray...)*, los primeros elementos, nominales o adjetivos, de las expresiones vocativas *(¡Señor López!, ¡Mala madre!...)*, etc.

Las palabras átonas, como decimos, no pueden aparecer aisladamente; necesitan apoyarse en las palabras vecinas. En *Dámelo* formamos con las tres palabras una sola compuesta por ser los dos pronombres (*me* y *lo*) palabras átonas que necesitan la contigüidad de una tónica al ser pronunciadas. O en *Te lo da* (pronunciado *telodá*). Lo mismo ocurre con el artículo en *Los hombres (loshombres)* o con la preposición y el posesivo en *Para tu hermana (paratuhermana)*.

Tomadas por separado, todas las palabras, incluso las habitualmente átonas, tienen acento de intensidad. Tanto en la preposición *para* como en el adverbio relativo *cuando*, por ejemplo, encontramos una sílaba tónica y otra átona; en ambas el acento de intensidad recae en la primera sílaba.

El acento de intensidad no tiene una posición fija en español. Si atendemos a las palabras *término, termino* y *terminó*, advertiremos que el acento prosódico puede recaer sobre cualquiera de las sílabas de una palabra, aunque no siempre se represente en la escritura. Su representación (el acento ortográfico) obedece a una serie de reglas que dependen del lugar que ocupa la sílaba tónica dentro de la palabra.

Se llama *acento ortográfico* a la tilde (´) que sirve para marcar la posición del acento de intensidad de algunas palabras. Esta tilde, colocada siempre sobre una vocal, tiene un valor distintivo en la escritura. Gracias a ella distinguimos entre *público* ('conjunto de personas'), *publico* y *publicó* (formas del verbo *publicar*, 'poner algo en conocimiento del público'). Si alteramos el acento de una palabra el resultado puede ser desconcertante para nuestro interlocutor. De ahí la doble necesidad de determinar con claridad dónde recae el acento de intensidad en una palabra y de asimilar correctamente las normas que regulan su representación gráfica, para evitar perturbaciones en la comunicación escrita.

Las palabras, según el lugar que ocupa en ellas la sílaba tónica, pueden clasificarse en *agudas, llanas* y *esdrújulas*. Las agudas u oxítonas tienen el acento de intensidad en la última sílaba *(cantar, razón, sofá)*; las llanas o paroxítonas en la penúltima *(silla, árbol, maceta)* y las esdrújulas o proparoxítonas en la antepenúltima *(caótico, lágrima, cárceles)*. En el caso de que por unión de dos o más palabras (verbos seguidos de pronombres átonos) el acento tónico recaiga sobre la sílaba anterior a la antepenúltima o preantepenúltima, la palabra así formada se llamará *sobresdrújula (corrígemelo, estúdiatelo, recomiéndasela)*.

Como el lugar del acento prosódico en las palabras formadas por varias sílabas puede variar, su representación en la escritura —para no acentuarlas todas ni hacerlo arbitrariamente— está regulada de manera práctica. Mientras que en las palabras esdrújulas *(tarántula, público, cántaro)* y sobresdrújulas *(espaciándoselo, publícaselo, tómatela)* se representa siempre el acento de intensidad mediante la tilde (son las palabras menos frecuentes), en las agudas *(bondad, añadió, cantar)* y en las llanas *(arboleda, fértil, estreno)* no ocurre lo mismo, según ponen en evidencia los ejemplos anteriores y confirman las reglas que vamos a estudiar.

Todas las palabras formadas por una sola sílaba *(monosílabas)* son, lógicamente, agudas y, por regla general, no se acentúan gráficamente. Si algunos monosílabos llevan tilde es para distinguirlos de otras palabras de igual sonido que pertenecen a categorías gramaticales diferentes *(¿Te acuerdas de cuando tomábamos té con menta?)*. La diferencia de significado entre *te*, pronombre referido al oyente, y *té* —infusión—, está marcada en la escritura por la tilde.

Cuando en una palabra aparece un conjunto de dos o tres vocales consecutivas, se producen ciertos fenómenos prosódicos que pueden repercutir en las reglas de acentuación. (De las cinco vocales españolas, tres son fuertes y abiertas —*a, e, o*—, y dos cerradas y débiles —*i, u*—.)

Se llama *diptongo* a la combinación de dos vocales contiguas pronunciadas en un solo golpe de voz. Para que puedan formar diptongo es necesario que las dos sean débiles *(viudo, fluido)* o que siendo una fuerte y la otra débil la fuerza de pronunciación (el acento de intensidad) no recaiga sobre la débil *(amáis, cauta, peine, rueda, viejo)*. La *h* intercalada ni impide ni facilita la formación de diptongo: en *ahumado*, hay diptongo entre la *a* y la *u*; en *tahúr*, no.

Se llama *triptongo* a la combinación de tres vocales contiguas pronunciadas en un solo golpe de voz. Para que puedan formar triptongo es necesario que siendo la primera y la tercera débiles y la de en medio fuerte, la fuerza de voz no recaiga sobre ninguna de las dos débiles *(apreciáis, vaciéis, dioico, cacahuey, Uruguay)*.

Se llama *hiato* a la separación en sílabas distintas de vocales que se encuentran juntas en una palabra. Se produce hiato si dos vocales son abiertas *(hé-ro-e, ca-os, o-cé-a-no)*, si el acento de intensidad recae en la vocal cerrada *(pú-a, dí-a, o-í-as)* o si una débil sin ser tónica se *fortalece* y se pronuncia separada de la contigua, sea ésta abierta *(gui-ón, tru-hán, ri-ó)* o también cerrada *(ru-in, hu-í, ti-i-ta)*.

Finalmente, cabe recordar que como el uso del acento gráfico depende básicamente de la posición de la sílaba tónica dentro de la palabra, se escribirán con acento todas las palabras que tengan que llevarlo, independientemente de la circunstancia de que vayan escritas en mayúsculas o en minúsculas (acentuaremos igual *FERNÁNDEZ* que *Fernández*).

Palabras agudas, llanas, esdrújulas y sobresdrújulas

Todas las palabras tomadas por separado tienen acento de intensidad, aunque no todas llevan tilde. Que la lleven o no depende de que las palabras sean agudas, llanas, esdrújulas o sobresdrújulas. Las agudas llevan el acento de intensidad en la última sílaba *(frenesí, esencial)*, las llanas en la penúltima *(difícil, cara)*, las esdrújulas en la antepenúltima *(óvalo, látigo)* y las sobresdrújulas en la preantepenúltima *(pásaselo, trágatela)*.

1 Las palabras agudas llevan acento ortográfico si terminan en vocal, *n* o *s*:

comerá	patán	además
bebé	comején	francés
guaraní	batín	hachís
dominó	balcón	cayapós
canesú	betún	autobús

2 Las palabras agudas no llevan acento si son monosilábicas *(pie, can)* ni si terminan en consonante distinta de *n* o *s* *(sutil, tenaz)*. Tampoco llevan si acaban en los diptongos *ay, ey, oy, uy, au, eu, ou* *(caray, jersey, Eloy, Espeluy, marramau)* o en *n* o *s* precedida de otra consonante *(chupachups, Isern)*:

tos	afinidad	cacuy
vis	astral	nanay
vals	atril	anoraks
pan	altitud	argots
ya	regaliz	robots

3 Las palabras llanas llevan acento ortográfico siempre que terminan en cualquier consonante que no sea *n* o *s*:

bíter	imbécil	ónix
bolívar	húsar	fénix
cáncer	carácter	tótem
hábil	cárcel	álbum
árbol	cómic	césped

4 Las palabras llanas no llevan acento ortográfico si terminan en vocal, en *n* o en *s*:

crema	canon	salas
estufa	examen	casas

saco	orden	pasos
sonajero	volumen	trenes
trampa	origen	sauces

5 Las palabras llanas que terminan en *n* o *s* precedida de otra consonante llevan acento ortográfico. Este caso —excepción de las dos reglas anteriores— es poco frecuente; sólo se da con palabras procedentes de otras lenguas:

cómics	bíceps	tríceps
fórceps	récords	búnkers
pósters	pólders	tándems
cámpings	afrikáners	bóers
crónlechs	séniors	tráilers

6 Las palabras esdrújulas llevan siempre acento ortográfico; también las sobresdrújulas:

ábaco	déficit	éxtasis
ópalo	hábitat	páncreas
héroe	láudano	océano
tráeselo	tómatelo	devuélvemela
ídolo	pérfido	lánguido

Combinaciones vocálicas

Cuando en una palabra aparece un conjunto de dos o tres vocales consecutivas, se producen ciertos fenómenos prosódicos que pueden repercutir en las reglas de acentuación: el *diptongo* —combinación de dos vocales contiguas pronunciadas en un solo golpe de voz—, el *triptongo* —combinación de tres vocales seguidas pronunciadas en una sola sílaba— y el *hiato* —separación en sílabas distintas de vocales que se encuentran juntas en una palabra.

1 Los diptongos llevan acento ortográfico si les corresponde según las reglas generales; la tilde se coloca siempre sobre la fuerte o sobre la segunda vocal en el caso de estar formado por dos débiles.

hincapié	alféizar	acuífero
bonsáis	estiércol	murciélago
jerséis	huésped	Cáucaso
ciénaga	acuático	lingüística

2 No llevan acento ortográfico —excepción a la regla anterior— las palabras agudas terminadas en los diptongos *ay*, *ey*, *oy*, *uy*, *au*, *eu*, *ou*. (Estos dos últimos casos sólo aparecen en apellidos y nombres de lugar de origen catalán y en los monosílabos *bou*, también de origen catalán, y *COU*, palabra formada por siglas.):

guirigay	mamey	convoy
nanay	cacahuey	rentoy
carau	jersey	cucuy
Aribau	Bayeu	Masnou

3 Los triptongos llevan acento ortográfico si les corresponde según las reglas generales. La tilde se coloca siempre sobre la vocal fuerte.

actuáis	apreciáis	adecuéis
cambiáis	huaico	huairuro
Paraguay	Uruguay	dioico
aguáis	rabiáis	buey

4 Los hiatos de los grupos formados por dos vocales fuertes sólo llevan tilde cuando lo exigen las reglas generales:

oasis	canoa	aéreo
deseo	oceánico	caótico
roen	Sáez	paseábamos
arreó	zoólogo	cohete

5 Los hiatos que afectan a una vocal cerrada combinada con otra abierta se marcan siempre poniendo tilde sobre la tónica, aunque se contravengan las reglas generales:

reúno	sabía	bohío
actúo	fió	pío
frió	rió	roíais
Caín	sacaríais	sitúe
maúlla	crió	reí

6 Los hiatos que afectan al grupo formado por dos débiles se marcan con tilde sobre la tónica sólo si lo exigen las normas generales:

ruina	jesuítico	casuística
huí	fluir	cuida
casuista	huido	tiita
Rociito	altruista	construí

Palabras compuestas

La colocación de tilde en las palabras compuestas varía según se trate de compuestos compactos, es decir, que forman una nueva palabra de manera estable, o de compuestos más circunstanciales como sucede con las formas adjetivas unidas por guiones. También se incluyen en este apartado los adverbios terminados en *-mente*, por tratarse de un proceso de formación de palabras que constituye una excepción a las reglas generales de acentuación.

1. Cuando una palabra simple pasa a formar parte de una compuesta pierde la tilde que tuviere si ocupa el primer lugar dentro de la compuesta. Para la palabra resultante rigen las reglas generales de acentuación. Obsérvese el caso de *balompié* y de los siguientes vocablos:

decimoséptimo	asimismo
cefalotórax	tiovivo
encefalograma	oceanográfico
decimocuarto	viandante
sadomasoquismo	judeocristiana
cefalorraquídeo	narcotraficante

2. Algunas palabras, sobre todo adjetivos, pueden unirse ocasionalmente por medio de guiones formando compuestos. En estos casos cada palabra del compuesto mantiene su forma original:

hispano-belga	histórico-crítico
jurídico-laboral	teórico-práctico
físico-químico	navarro-aragonés
filosófico-teológico	cántabro-astur
franco-alemán	económico-social

3. Los adverbios acabados en *-mente* mantienen la acentuación del adjetivo del que proceden:

artísticamente	básicamente
erróneamente	fácilmente
implícitamente	íntegramente
jurídicamente	lógicamente

Formas verbales con enclíticos

Algunos pronombres personales (*me, te, se, nos, os; lo, los, la, las, le, les*) son palabras átonas (→ el tema *La acentuación*) que no pueden aparecer aisladas. Necesitan apoyarse prosódicamente en el verbo al que complementan. Si esas formas preceden al verbo (construcción llamada proclítica), se escriben separadas aunque suenen como una sola palabra: *Te lo compró (telocompró).* En cambio, si van detrás del verbo (construcción enclítica), forman con él una palabra compuesta: *Cómpratelo.*

1. Los verbos con pronombres enclíticos conservan la tilde si la llevaban en su forma original aunque, por la regla general, no les corresponda:

déme	diríase	tendríalo
sacóse	crióte	cayóle
devolvióla	amóla	daréte

2. Los verbos con enclíticos incorporan la tilde si por las reglas generales, al convertirse en palabras esdrújulas o sobresdrújulas, tienen que llevarla:

diciéndome	dáselo	adivínalo
contándonos	míralo	estúdiatelo
devolvérselo	cantárselas	avisándoselo

3. Las palabras (nombres y adjetivos) compuestas por un verbo con enclítico más complemento se escriben sin la tilde que pudiera llevar el verbo (→ el apartado *Palabras compuestas*):

curalotodo	sabelotodo	rompelotodo
metomentodo	cuentalotodo	comelotodo

4. La incorporación del enclítico puede suponerle al verbo alguna adaptación ortográfica:

dad + os = daos	partid + os = partíos
amad + os = amaos	id + os = idos (excepción)
casemos + nos = casémonos	llamad + os = llamaos

Monosílabos

La principal dificultad que presenta la acentuación de las palabras monosílabas proviene de que algunas de las más frecuentes son homófonas, es decir, suenan igual. Para distinguirlas en la escritura se acentúan una o dos de las dos o tres que coinciden en la misma forma. Este tipo de acento se llama diacrítico.

1 Los monosílabos no llevan acento ortográfico, salvo el acento diacrítico de las palabras homófonas que veremos en la regla 2:

as	fin
col	luz
dar	sal
faz	cal
hoy	coz
vez	dos
bar	gas
con	pez
don	por

2 Monosílabos que llevan acento diacrítico:

Sí, cuando es adverbio afirmativo o cuando es pronombre personal frente al *si,* conjunción condicional: *—¿Quieres a Marta por esposa? —Sí, quiero. No estaba seguro de* sí *mismo.* Si *acabas de trabajar temprano, iremos al cine.*

Sé, del verbo *saber,* frente a la forma pronominal *se: No* sé *dónde están las llaves. No* se *debe abusar de la paciencia de los demás.*

Dé, del verbo *dar,* frente a la preposición *de: ¡Ojalá le* dé *tiempo* de *coger el tren* de *las cinco!*

Té, que significa 'infusión', frente a la forma pronominal *te: Esta tarde tomaremos el* té *con pastas. No* te *pude contar todo lo que pasó.*

Él, pronombre personal, frente a *el,* artículo: *Todo depende de* él. Él *no dijo nada.* El *pan es un alimento básico.* El *primero en llegar fue Sergio.*

Mí, pronombre personal, frente a *mi,* adjetivo posesivo: *No había ninguna carta para* mí. *Ven a* mi *casa cuando quieras.*

Tú, pronombre personal, frente a *tu*, adjetivo posesivo: Tú *tenías razón.* Tu *perro es muy ladrador.*

Más, adverbio de cantidad, frente a *mas*, conjunción adversativa: *Sólo oyeron el discurso los que estaban* más *cerca del orador. Pensó en emigrar,* mas *el apego a su tierra le hizo desistir.*

3 Normalmente una vocal débil *(i, u)* átona junto con una vocal fuerte *(a, e, o)* tónica forma diptongo, como sucede con las formas verbales monosílabas: *dio*, *vio*, *fue*. Sin embargo, en algunas formas verbales parecidas a las anteriores estas agrupaciones vocálicas no diptongan y por tanto dan bisílabos (lo mismo ocurre con los sustantivos *guión*, *truhán*, *Sión* y el adjetivo *pión*):

cié	lió
ció	rué
guié	rió
guió	fié
pué	fió
frió	pié
crié	pió
crió	trié
lié	trió

Las palabras *sólo* y *aún*

En este apartado llamamos la atención sobre dos palabras bisílabas con acento diacrítico. El adverbio de modo *sólo* (puede sustituirse por *solamente*) y el adjetivo calificativo *solo* ('sin compañía') se diferencian en la escritura por el acento que se coloca sobre el adverbio. Debe advertirse, para facilitar la distinción, que *solo* adjetivo puede variar de género y número (*Estoy solo, Estoy sola, Estamos solos,* etc.), mientras que *sólo* adverbio no puede variar (*Sólo vinimos a saludarte*). En cuanto al adverbio de tiempo *aún* equivale a 'todavía', mientras que *aun* significa 'hasta', 'incluso' o 'también' (*Aun José sabe que aún el plazo no ha expirado*).

1. Es obligatoria la tilde de *sólo*, adverbio que se puede sustituir por *solamente*, frente a *solo*, adjetivo masculino que significa 'no acompañado', cuando su situación en la frase se preste a una interpretación ambigua; en otro caso es potestativa:

   Yo estudio *solo/sólo* en mi casa.
   Yo *solo/sólo* moveré la mesa.
   Su sobrino tiene *sólo* tres años.
   Como norma general escribiremos a un *solo* espacio.
   Sólo estoy *solo* por las mañanas.
   Él *solo* fue quien *sólo* dijo: «Bien.»

2. Se acentúa el adverbio *aún* cuando significa 'todavía'; no se acentúa *aun* cuando significa 'hasta', 'incluso', 'también':

   Está enfermo *aún*.
   Esto nos pondrá *aún* más nerviosos.
   Después de haberse molestado en hacer copias para todos, *aún* hubo quien se le quejó de que no estaban lo bastante bien hechas.
   Le ofrecimos un buen horario y un buen sueldo; *aun* así no aceptó.
   Lo haré con tu ayuda y *aun* sin ella.
   Dijo mi nombre y *aun* recordó mi apellido.
   Aun estando enfermo *aún*, pienso hacerlo.

Interrogativos y exclamativos

La principal dificultad que presentan estas partículas es que se corresponden con las de relativo, de las que se diferencian por su tonicidad: *que*, relativo, es átono, frente a *qué*, interrogativo o exclamativo, según el enunciado, que es tónico.

1. Los relativos *que*, *cual (cuales)*, *quien (quienes)* y *cuanto (cuanta, cuantos, cuantas)* se acentúan cuando adquieren un carácter interrogativo o exclamativo (a éstos se unía *cuyo*, hoy en desuso con valor interrogativo o exclamativo):

   ¿Qué desea usted?
   ¿Cuál prefieres?
   No sé cuál de los dos pantalones es más caro.
   ¿De quién es este disco?
   ¿Cúyo es?, decían a veces antiguamente para preguntar *de quién* era.
   ¡Cuánta gente!
   ¡Qué palacio tan grande!
   ¡Quién lo diría!

2. Los adverbios relativos *cuando*, *cuan*, *cuanto*, *como* y *donde* se acentúan cuando adquieren un carácter interrogativo o exclamativo (*cuan* resulta arcaizante):

   ¿Cuándo conseguiremos vivir en paz?
   Averigüe cuándo vendrá.
   ¿Cuán difícil te resultó conseguir el permiso?
   ¿Cuánto me corresponde?
   No se sabe dónde ni cómo consiguieron la información.
   ¡Cuán ardua fue la búsqueda!
   ¡Cuánto te quiero!
   ¡Cómo llueve!

3. Llamamos la atención sobre el caso particular de las cuatro formas homófonas (→ el apartado *Palabras que se pronuncian igual*) siguientes:

   Por qué:

   preposición *por*, más pronombre interrogativo *qué*: *¿Por qué se queman tantos bosques? No entiendo por qué no avisa cuando no va a venir.*

Por que:

preposición *por*, más pronombre relativo *que*: *La puerta por que* (= la cual) *se escapó da al garaje. El horario por que se rigen va a ser cambiado.*

Porque:

conjunción de causa, introduce subordinadas causales: *No acabó la carrera de Medicina porque tuvo que ponerse a trabajar. Durmió muchas horas porque estaba muy cansada.*

Porqué:

sustantivo que significa 'causa': *Este niño siempre pregunta el porqué de las cosas. Me cuesta entender lo que ha pasado sin saber el porqué.*

Demostrativos

La serie de los demostrativos está constituida por las formas masculinas *este, ese, aquel, estos, esos, aquellos*; las femeninas *esta, esa, aquella, estas, esas, aquellas;* y las neutras *esto, eso, aquello*. Los demostrativos masculinos y femeninos pueden desempeñar una función adjetiva si acompañan al nombre (normalmente, precediéndolo y determinándolo, como en *Quiero este libro*, pero también siguiéndolo con valor expresivo, como en *Qué niño este*) o una función pronominal o sustantiva si lo sustituyen *(Quiero éste)*. Los *demostrativos* neutros sólo pueden desempeñar funciones pronominales *(Dame esto; Tráeme aquello)*.

1. Los demostrativos masculinos y femeninos pueden acentuarse (potestativamente) cuando tienen un valor pronominal: *Mira ése* o *Mira ese*. En caso de que haya riesgo de ambigüedad, llevarán obligatoriamente tilde:

   Buscó éste secretario.
   Éste (o *este*) buscó secretario.

   Narraron aquéllos hechos extraordinarios.
   Aquéllos (o *aquellos*) narraron hechos extraordinarios.

   Compraron éstas decenas de chucherías.
   Éstas (o *estas*) compraron decenas de chucherías.

2. Los demostrativos neutros *(esto, eso, aquello)* no pueden variar de número y no se acentúan por tener siempre un valor pronominal:

   Dale esto, no aquello.
   Eso que dices me parece poco sensato.
   ¿Qué es aquello que brilla tanto?

Casos especiales de acentuación

Recogemos en este apartado una serie de casos especiales: el de las palabras que cambian de significado según la colocación del acento (*sábana*, 'pieza de tela para la cama', y *sabana*, 'forma de vegetación'), el de la doble acentuación (por ejemplo, en el español europeo se prefiere la variante *chófer* frente a *chofer* del español americano) y el de la repercusión en el acento del paso del singular al plural *(régimen*: *regímenes*; *resumen*: *resúmenes)*.

1 Se distinguen por la posición del acento numerosas palabras (las de la primera columna son sustantivos y adjetivos, las de la segunda, formas de un mismo verbo):

amo	amo	amó
ánimo	animo	animó
amplio	amplío	amplió
artículo	articulo	articuló
cálculo	calculo	calculó
caso	caso	casó
célebre	celebre	celebré
público	publico	publicó
límite	limite	limité
término	termino	terminó

2 Algunas palabras admiten doble acentuación prosódica, especialmente las acabadas en *-íaco*.

alveolo	alvéolo
bimano	bímano
bereber	beréber
dinamo	dínamo
osmosis	ósmosis
pabilo	pábilo
reuma	reúma
pelícano	pelicano
elixir	elíxir
etíope	etiope
periodo	período
cónclave	conclave

afrodisíaco	afrodisiaco
amoniaco	amoníaco
austríaco	austriaco
demoníaco	demoniaco
policíaco	policiaco
paradisíaco	paradisiaco
Zodíaco	Zodiaco
cardíaco	cardiaco
maníaco	maniaco
elegíaco	elegiaco

3 En un grupo reducido de palabras el acento cambia de posición en el plural con respecto al singular:

carácter	caracteres
espécimen	especímenes
ínterin	intérines
régimen	regímenes

4 Algunos sustantivos terminados en consonante, al pasar del singular al plural sufren alguna modificación en su acentuación gráfica:

liquen	líquenes
orden	órdenes
virgen	vírgenes
margen	márgenes
crimen	crímenes
examen	exámenes
imagen	imágenes
canon	cánones
gravamen	gravámenes
dolmen	dólmenes
resumen	resúmenes
dictamen	dictámenes
ligamen	ligámenes
origen	orígenes
aborigen	aborígenes

Acentuación de palabras extranjeras

A veces se emplean en español palabras y expresiones latinas en su forma original (el latín carecía de acento gráfico), sin ninguna adaptación o alteración en su escritura. Sobre ellas, así como sobre los términos tomados de otras lenguas (préstamos, neologismos), rigen las siguientes reglas de acentuación.

1. Las palabras latinas más usuales se escribirán con acento según las reglas generales. Se exceptúan las que forman parte de nombres científicos (*Penicillium*, *Aspergillus itaconicus*, etc.):

accésit	quórum	ultimátum
déficit	súmmum	ídem
exéquatur	tándem	fórum

2. Los préstamos y neologismos que castellanizan su grafía o adaptan su fonética se escriben con acento si les corresponde según las reglas generales, aunque en su lengua originaria no lo lleven:

télex	bidé	bisté
cóctel	láser	estándar
búnker	córner	váter

3. Los nombres propios extranjeros se escriben sin añadirles ningún acento gráfico que no tengan originalmente (aunque la Real Academia acepta que pueden acentuarse a la española si la pronunciación y la grafía lo permiten):

Wagner *no* Wágner	Schubert *no* Schúbert
Windsor *no* Wíndsor	Schlegel *no* Schlégel

4. Los nombres geográficos que ya estén incorporados al español o adaptados a su fonética no se consideran extranjeros y se acentúan según las reglas generales:

París	Berlín	Nápoles
Moscú	Támesis	Afganistán
Múnich	Zúrich	Núremberg

Los signos de puntuación

Los signos de puntuación orientan al lector respecto a la entonación y a las pausas del habla. Son de gran importancia para resolver ambigüedades de sentido, o la intencionalidad misma del mensaje, que el lenguaje oral resuelve con la entonación. No es lo mismo decir: *Ya está bien* que *¿Ya está bien?* o *¡Ya está bien!*, *Ya está. ¡Bien!*, etc.

La puntuación también sirve para señalar la organización de las ideas, como sucede con la separación en párrafos por medio del punto y aparte, o para marcar las voces de distintos hablantes, o los planos distintos que se insertan en un mismo discurso lingüístico, como en el caso de los textos con citas de otros autores.

Los principales signos de puntuación son:

coma (,)	comillas (“”), («»), (‘’)
punto (.)	guión (-)
punto y coma (;)	raya (—)
dos puntos (:)	paréntesis (())
puntos suspensivos (...)	interrogación (¿?)
corchetes ([])	exclamación (¡!)

De estos signos algunos sirven para matizar distintas clases de pausas y, en menor medida, para marcar variaciones en la entonación; por ejemplo, la coma, el punto y coma, el punto, los dos puntos y los puntos suspensivos. Otros, en cambio, son señales básicamente de entonación; por ejemplo, la interrogación, la exclamación y los paréntesis. En cuanto a las comillas (“altas” o inglesas, «bajas» o españolas y ‘simples’), se utilizan para insertar citas, significados de palabras, etc. Otros signos de acotación son los paréntesis y los corchetes. Las rayas o guiones largos se emplean para introducir diálogos o incisos. El guión corto, por su parte, sirve para unir o separar según los casos.

En suma, gracias a esta clase de signos obtenemos a través de la escritura un reflejo del lenguaje oral algo más nítido que si no existieran, aunque sea imperfectamente. La imaginación del lector es capaz de suplir las imprecisiones de la puntuación y de dar una versión oral de un texto escrito que se corresponda aproximadamente con un hipotético modelo oral previo.

Otra cuestión es la del estilo. De la misma manera que hay distintos modos de hablar, hay, también, formas características de cada cual en la expresión escrita. Es más, en los países de civilizaciones avanzadas, la mayor parte de los textos que se escriben nunca fueron orales, ni están destinados a ser leídos en voz alta. Por tanto, el estilo de escritura tiene un componente visual y unos ritmos completamente autónomos respecto a la oralidad. La puntuación es el principal recurso de estilo en la escritura. Algunos autores prefieren las frases breves, que dan un ritmo sincopado, otros las prefieren largas y llenas de incisos como reproduciendo las sinuosidades del pensamiento. En definitiva, mientras que la ortografía de las letras cuenta con normas de obligado cumplimiento, la puntuación tiene un componente subjetivo que no permite una regulación tan estricta. Lo importante es que la puntuación contribuya a expresar con claridad el pensamiento.

La coma

Este signo señala pequeñas pausas en las que se eleva ligeramente el tono y después de las cuales se mantiene el mismo tono anterior, a diferencia del punto que señala una bajada de tono. Otras veces marca el principio y el fin de un inciso que se hace en tono más bajo todo él; en este caso, después de la segunda coma que cierra el período, se vuelve al tono anterior.

1 Se separan con comas los distintos elementos de una enumeración, menos el último que irá precedido por la conjunción *y* o *ni*. Otra forma en que puede acabar una enumeración es: ..., *etc.* o con puntos suspensivos.

Compraremos vino, arroz, cebollas, huevos y aceite.
El Museo de los Impresionistas tiene obras de Renoir, Degas, Manet, Van Gogh, etcétera.
Me gustaría describir la placidez del lago, los bosques, los prados, los rebaños...
No me gusta su cara, su voz, su risa ni su forma de levantar la ceja.

2 Van separadas con coma las palabras, sintagmas y construcciones paralelas que se repiten:

Los obreros colocaban la gran piedra, los guardias vigilaban, los curiosos miraban y los cronistas tomaban nota.
Sí, sí, lo que usted diga.
Para estar preparado, para no perder un minuto, bajé al portal.
Mientras el comunismo existía era necesaria la socialdemocracia, mientras el ensueño del paraíso socialista regía era preciso el Estado de bienestar.

3 Se separa con coma el vocativo (palabra con la que llamamos o nos dirigimos a alguien) del resto del enunciado:

María, nos vamos ya.
Señores, nunca es tarde si la dicha es buena.
No faltes mañana, Pedro.
Me gustaría que lo consiguieras, cariño, cuanto antes.
Oye, tú, no te metas en mis cosas.

4 Cuando una oración subordinada se antepone a la principal, se separa con coma:

Cuando acabe el curso, iré a visitarte.
Aunque le gustaba mucho la natación, no podía practicarla a menudo.
Después de pensarlo mucho, se decidió a emprender el camino.
A pesar del frío, salieron a la calle.

5 Cuando se mezclan dos modos oracionales (el imperativo y el enunciativo, por ejemplo) en un mismo enunciado, se separan con coma:

Descansa, me parece que estás agotado.
Espera, que te lo traigo enseguida.
¿Todo va bien?, pareces preocupada.
¡Qué bien!, mañana nos vamos.

6 Se separan también entre comas los incisos y las aposiciones:

Mi hermana, que siempre tarda más de lo debido, dijo que llegaría temprano.
Antonio, mi vecino, pone la música a todo volumen.
Los alumnos, y otros que no lo son, asistieron a la función.
Quien quiera entradas para hoy, o para los días siguientes, que venga antes de las cinco.
Fernando, que en paz descanse, siempre decía lo mismo.
El año que viene, si Dios quiere, tendremos servicio de comedor.
La ocasión, según dicen, la pintan calva.

7 Cuando se altera el orden normal de la oración se separa con coma el elemento desplazado:

Amantes, tiene cuatro.
Dinero, eso es lo que le gusta.
A ministro, le gustaría llegar.
Menos levantarse temprano, todo lo soporta.

8 En las frases en que el verbo se omite por sobreentenderse, se sustituye el verbo por una coma:

Unos venían de Buenos Aires; otros, de Montevideo.
Algunos llegaron temprano; la mayoría, tarde.
Para comprar alimentos hay que ir a la derecha; para flores, al fondo.
Si vienes, te esperamos; si no, nos vamos.

9 La conjunción *pues*, si va a final de frase con sentido consecutivo, va precedida de coma. También van precedidas de coma las conjunciones adversativas *pero* y *mas* si la frase que introducen es corta:

Esto se ha acabado; vámonos, pues.
La tienda está cerrada; no podemos comprar la radio hoy, pues.
Ana quería venir, pero no pudo.
Luisa pensaba que aprobaría, mas suspendió.

10 Algunas expresiones con valor adverbial o de nexo como *es decir*, *o sea*, *esto es*, *efectivamente*, *en efecto*, *sobre todo*, *sin embargo*, *por último*, *en segundo lugar*, etc., van entre comas:

En efecto, lo dicho anteriormente supone una grave acusación.
No se asustó, sin embargo, ante las nuevas dificultades.
Los peces son animales acuáticos, es decir, viven en el agua.
Él dijo que no, o sea, se negó.
Habría que considerar, por último, la posibilidad de intervenir.

El punto

El punto es un signo que sirve para señalar el final de un período sintáctico u oración gramatical. Representa una pausa fónica más o menos larga según el énfasis que le quiera dar el lector. Lo importante es que marca un ligero descenso de tono, a diferencia de la coma que supone un ligero ascenso. Después de punto se escribe siempre mayúscula.

1. Se escribe punto y seguido cada vez que se cierra un período gramatical u oración:

   El viernes pasado nos trasladamos de casa. El trasiego de mover trastos es lo más mareante del mundo. Hasta que las cosas estén en su sitio y que tengamos un sitio para cada cosa, reinará el caos. Los niños son los únicos que se divierten con tanto barullo. Buscar un objeto es jugar al escondite.

2. Se escribe punto y aparte para separar los distintos párrafos. Esto se hace abandonando la línea en la que se está escribiendo y comenzando en la siguiente después de unos espacios en blanco. También se pueden separar los párrafos sin dejar espacios en blanco al principio, pero dejando una línea en blanco entre uno y otro. El último punto del texto se llama punto final:

   Sra. Directora:

   Le agradecería, si las disponibilidades de espacio de su periódico lo permiten, que publicara mi queja sobre la deficiencia del transporte nocturno en una ciudad como Cartagena, que tiene barrios muy alejados unos de otros.

   Los habitantes de Los Dolores que realizamos turnos nocturnos de trabajo fuera del barrio nos vemos obligados a esperar el autobús hasta media hora, a veces. Lo peor no es sólo que pasen pocos autobuses sino que lo hacen a tiempos muy irregulares.

   Con estas líneas pretendo llamar la atención a las autoridades responsables del transporte urbano de esta ciudad para que pongan remedio a la situación. Convendría aumentar el servicio y establecer un horario que se expusiera en todas las paradas.

Un uso del punto, muy distinto de los especificados anteriormente, es el de marcar el final de las abreviaturas:

Sr. Rodríguez, le llaman por teléfono.
Esto se hará al gusto de Uds., sin recargo ninguno.
El Banco solicita la presencia del titular de la cta. cte. y de la libreta de ahorro.
Los vols. IV y V contienen la información deseada.

El punto y coma

Este signo señala una pausa más intensa que la coma pero menos que el punto y seguido. Puede separar oraciones gramaticalmente autónomas, pero muy relacionadas por el sentido y tiene una especial utilidad para separar enumeraciones de frases o sintagmas complejos. Hoy en día se usa poco.

1 Se usa el punto y coma para separar períodos sintácticos completos, igual que el punto y seguido, pero sirve para manifestar una más estrecha unión de sentido entre los mismos:

Admiró sus monumentos, sus edificios, sus calles y plazas; le sorprendió la amabilidad de sus gentes.
Ella compró toda clase de cacharros; otras prefirieron comprar libros y discos.

2 Se pone punto y coma para separar los distintos elementos de una enumeración cuando éstos son construcciones complejas, con comas internas:

Cuando regresé, después del incendio, me encontré con un panorama desolador: casas chamuscadas, sin puertas ni ventanas, con los tejados hundidos; unos bosques, que parecían paisajes de pesadilla, totalmente grises y desgarrados; animales muertos, con el horror manifiesto todavía en sus posturas petrificadas; un ambiente en el pueblo de campamento provisional, con familias alojadas, unos aquí, otros allá, en casas de vecinos; y, sobre todo, la desolación pintada en las caras de aquellos...

3 Se suele poner punto y coma ante las conjunciones adversativas *pero* y *mas*, cuando la frase que introducen es larga:

Nadie puede saber lo que pasa por la cabeza del héroe, del vencedor de tan importante competición, en el momento de los laureles; pero el fervor de las masas mitiga la conciencia de sí mismo, la diluye en un mar de emoción en el que flotan todas las almas como una sola.

Los dos puntos

Este signo representa un énfasis y crea una expectativa sobre lo que sigue. La entonación es como la del punto: baja en la sílaba que le precede. Después de dos puntos se escribe letra mayúscula o minúscula indistintamente, aunque se prefiere la minúscula cuando el texto sigue en la misma línea (salvo que entre una voz distinta) y la mayúscula cuando sigue aparte en otra línea.

1 Se ponen los dos puntos antes de una cita textual, si va precedida por verbos o expresiones introductorias del lenguaje en estilo directo:

Me dijo: «Más vale tarde que nunca.»
Góngora creó esta inquietante imagen: «Infame turba de nocturnas aves, gimiendo tristes y volando graves.»
Para decirlo con palabras de Óscar Wilde: «El más valiente de nosotros tiene miedo de sí mismo.»
Respecto a la fuerza de la debilidad, Rousseau se expresaba en estos términos: «Cuanto más débil es el cuerpo, más ordena. Cuanto más fuerte, más obedece.»

2 Se ponen los dos puntos después de anunciar enumeración; en este caso, los elementos de la misma pueden escribirse a continuación, o aparte, cambiando de línea cada vez que se introduzca un nuevo elemento:

Andalucía consta de las provincias siguientes: Jaén, Córdoba, Sevilla, Huelva, Cádiz, Málaga, Granada y Almería.
Este plato contiene los siguientes ingredientes: fideos, carne magra, salchichas, tomate frito, guisantes, champiñones, cebolla, pimentón picante, aceite y sal.
Documentos requeridos: Fotocopia de Identificación; Recibo de haber ingresado el importe de matrícula de la Facultad correspondiente; Certificado médico oficial; Impreso de solicitud debidamente cumplimentado.

3 Se ponen los dos puntos después de un enunciado general, cuando a continuación se especifican uno o varios casos particulares que lo ilustran. El enunciado puede acabar con la expresión *como*, *por ejemplo* u otras equivalentes. También puede prescindirse de dichas expresiones:

Tenemos, quizás, el más veraz de los retratos del hombre gallego: sus varas de medir el mundo, las vueltas de su imaginación, su gusto por la sorpresa.

La primavera en San Petersburgo irrumpe de repente, podríamos decir que explota: un buen día de abril o mayo el río Neva se deshiela con enorme estruendo, los parques se cubren de verde brillante, el aire se llena de trinos y una extraña excitación bulle por doquier.

La aliteración es una imagen fónica que consiste en repetir en una frase, o en uno o varios versos seguidos, un mismo sonido. Por ejemplo: En el silencio sólo se escuchaba un susurro de abejas que sonaba.

4 Se ponen los dos puntos cuando a una o varias oraciones le sigue otra a modo de conclusión, consecuencia, causa o resumen de lo dicho anteriormente:

Andrés se puso a dar patadas a la puerta y como su mujer no abría, se sentó en el rellano de la escalera; empezó a gritar y consiguió reunir a los porteros, a los vecinos y a la policía: fue un escándalo.

Andrés perdió a la mujer, la tutela de sus hijos, el trabajo y la casa: todo por el juego.

5 Se ponen los dos puntos después de la fórmula de salutación en las cartas (en las de tipo comercial o formal, cada vez más, se pone coma en vez de dos puntos):

Querido Manuel: te agradecería que me escribieras a máquina pues tienes una letra casi imposible de descifrar. Si no he entendido mal...

Muy señor mío:
En contestación a su carta del 16 de abril,...

Querida abuela: te escribo esta notita para decirte que llegaré el martes, 8, en el tren de las 17:30. Un beso muy grande.

6 En instancias, certificados, decretos, bandos, edictos, sentencias, etc., se ponen los dos puntos después de la palabra clave del documento, que se escribe toda ella en mayúscula:

CERTIFICO: Que la paciente Rosa Jiménez se encuentra en perfecto estado de salud para...

HAGO SABER: A partir del 8 de septiembre, la Piscina Municipal permanecerá cerrada hasta el día 16 del mismo mes, por obras urgentes.

EXPONE: Que habiendo agotado los plazos legales para matricularse del curso 1.º de Enfermería...

7 Se ponen los dos puntos en los escritos de tipo esquemático (informes, impresos de solicitud, etc.) a continuación de los conceptos fijos, que deben ser cumplimentados o concretados:

Nombre: Margarita
Apellidos: Pérez Villar
Calle: Corrientes n.º 280
Población: Buenos Aires
Asunto: Informe pericial

Los puntos suspensivos

Este signo es un recurso expresivo que sirve para manifestar que quien escribe deja de decir, o anotar, algunas palabras. Los puntos suspensivos –siempre tres y no más– representan una pausa larga en el habla y una entonación parecida a la de la coma; es decir, la sílaba precedente sufre un ligero ascenso.

1. Se ponen puntos suspensivos al final de enumeraciones incompletas. En este caso tienen el mismo valor que *etc.*:

   El pueblo sólo tiene una tienda. Allí se vende de todo: ropa, zapatos, bebidas, comida, sellos, sobres, tabaco, libros, objetos de regalo...

   Desde el campanario pudimos divisar los campos, los rebaños, el río, las casas, la gente que circulaba, los niños que jugaban...

2. Se ponen puntos suspensivos cuando se deja una expresión a medias dando por supuesto que el lector puede reconstruirla. También se utilizan, a veces, para sustituir palabras malsonantes que el lector puede imaginar con facilidad (en este caso con espacio en blanco a ambos lados, sustituyendo a la palabra):

   No voy a decir más, que a buen entendedor...

   Le dijo que hiciera el favor de no tocarle los ... y que le dejara en paz.

   Quien avisa... y quien mucho abarca...

3. Se ponen puntos suspensivos para reflejar una forma de hablar dubitativa, inconexa, con pausas prolongadas, o que deja las frases a medias y para indicar que el hablante ha sido interrumpido a media frase o que la retoma después de la interrupción:

   ¿Qué quieres que te diga?... no sé... quizás... Quizás me autoricen mis padres.

   Hoy vamos a comentar... ¡Daniel, cállate!... el origen de la expresión ser más feo que Picio.

4. Se ponen puntos suspensivos para indicar pausa prolongada y crear intriga antes de decir algo sorpresivo o inesperado:

   Pedro quitó el envoltorio del regalo muy ilusionado; dentro había... una araña peluda.

   Entonces vio que el fantasma que la visitaba por las noches era... un ratón.

5 Se ponen puntos suspensivos entre corchetes o entre paréntesis al suprimir uno o varios fragmentos del texto que se cita. Si se suprimen pocas palabras o líneas de manera que no impliquen un punto y aparte, los corchetes se ponen seguidos, dentro del texto; si se suprimen fragmentos que implican puntos y aparte, se ponen separados del texto:

> Comprendió que el empeño de modelar la materia incoherente y vertiginosa de que se componen los sueños es el más arduo que puede acometer un varón [...] mucho más arduo que tejer una cuerda de arena o que amonedar el viento sin cara.
>
> [...]
>
> Con alivio, con humillación, con terror, comprendió que él también era una apariencia, que otro estaba soñándolo.
>
> JORGE LUIS BORGES,
> «Las ruinas circulares», *Ficciones.*

6 Se ponen puntos suspensivos antes o después de empezar o acabar una cita cuando la frase en que se la toma o en que se la deja está incompleta (los puntos van pegados a la primera o a la última palabra que se cita, según por donde esté incompleta la frase):

> María se enteró de que Juan se había casado con su amiga Maite por Pilar. En su carta María le decía: «...y de Juan no quiero ni oír hablar». Pilar le contestó: «...oír cosas de Juan, no; pero leerlas es diferente. Quizás te interese saber que...». Así se enteró.

Las comillas

Se definen las comillas compuestas como un signo ortográfico formado por dos parejas de comas altas, en posición volada (" "), o bajas («»), que marcan el principio y el final de una cita textual o de expresiones que se destacan por su singularidad. Las comillas simples (' '), por su parte, enmarcarían palabras que aparecen dentro de un texto que ya lleve los otros dos tipos de comillas.

1. Se emplean las comillas para expresar que el texto entrecomillado es cita literal de lo dicho o escrito por alguien. Las aclaraciones al texto citado se situarán fuera de las comillas y separadas de éste mediante los signos de puntuación que correspondan:

   Me aconsejó Luis: «No creas ni una palabra de lo que te pueda decir Amadeo.»
   Según la ley de Parkinson, «el trabajo se ensancha hasta llenar el tiempo de que se dispone para terminarlo».
   El coronel declaró que estaba «profundamente consternado» y que a partir de ese momento su vida iba a cambiar «de manera radical».
   «Estamos encantados de estar aquí», manifestó el embajador, quien calificó de «sorprendente» la noticia de su nombramiento.
   «Es cierto que nuestros planes han sido desbaratados de momento», reconoció el capitán, «pero nuestros ideales se mantienen intactos», añadió mientras hacía la señal de victoria.

2. Se emplean las comillas para destacar los títulos de capítulos, relatos, poemas, etc., que forman parte de una obra más extensa cuyo título se cita en cursiva:

   «Diario a diario» es un breve apunte incluido en *Historias de cronopios y famas* de Julio Cortázar.
   Estuve leyendo el capítulo VIII, «La puerta de Occidente», de la *Breve historia de España*.

3. Se emplean las comillas para realzar las palabras usadas con ironía, doble sentido o con algún significado distinto del habitual (esta función también la desempeñan la cursiva y el subrayado, que es su equivalente en los textos escritos a mano):

   Todos sabemos que eres un «genio» de las altas finanzas.

Mi coche es una «prolongación» de mis pies.
Espero que vuestra afición a la filatelia no os lleve a formar un «sindicato del crimen».

4 Se emplean las comillas para resaltar las palabras extranjeras o aquellas otras truncadas o pronunciadas irregularmente. Este uso ha sido sustituido por la letra cursiva (o por el subrayado cuando se escribe a mano):

La ciudad estaba cubierta de «smog» *(smog)*.
A mi hijo le gusta mucho ir al «cole» *(cole)*.
No te preocupes por él —me dijo su madre—; es un caso «perdío» *(perdío)*.

5 Se empleaban las comillas para sustituir aquellas palabras que tendrían que repetirse dentro de una serie (comillas de repetición). Las comillas con este uso están siendo sustituidas por la raya (→ el apartado *El guión y la raya*):

Provisiones: 5 latas de sardinas en aceite
3 " " guisantes en conserva
2 " " espárragos

6 Se empleaban las comillas para enmarcar los títulos de obras artísticas, revistas, libros, etc. *(La revista «Ajoblanco» publicó un artículo sobre la marihuana*; *«Crónica de una muerte anunciada» es una novela de Gabriel García Márquez)*, pero este uso ha sido sustituido por el empleo de cursiva (o por el subrayado cuando se escribe a mano):

En *La Vanguardia* aparece un reportaje sobre la violencia en el fútbol.
Las Meninas es obra de Velázquez.

7 Se emplean las comillas altas dentro de un texto entrecomillado con comillas angulares para resaltar determinadas palabras:

Su padre le dijo: «Hijo mío, eres un "genio". No sé si bueno o malo».
«No te preocupes», me dijo con una sonrisa misteriosa, «la invitación corre a cargo de "nuestro" negocio».

8 Se emplean las comillas simples para expresar que una palabra debe entenderse en un determinado sentido o para definir a otra; también se emplean para enmarcar palabras que aparecen en textos que ya llevan los otros dos tipos de comillas:

No habló de *rococó* en el sentido de 'estilo artístico de la Francia de Luis XV', sino más bien como 'una tendencia decorativa'.

¿Cómo puedo haber confundido *aizkolari*, en vasco 'leñador', con *askenazi*, 'judío de Europa Central'?

«Como no sabía qué significaba *psicosis* le pregunté a mi profesora: "'Seño', ¿tú sabes qué significa *psicosis*?" Y ella me lo explicó muy bien.»

El guión y la raya

El guión (-), también llamado raya corta, es un signo ortográfico que sirve para señalar que una palabra ha quedado partida al final de una línea, o para separar los componentes de una palabra compuesta, entre otros usos. La raya (—), el doble de larga que el guión, es una marca de inciso o aclaración y de principio de intervención en un diálogo.

1. Se utiliza el guión para marcar la división de una palabra que no cabe entera al final de línea. (La palabra no puede dividirse arbitrariamente; → el apartado *Partición de palabras*.)

   La infraestructura, entendida como base física, comprende: la extensión su-
   perficial del país, su situación geo-
   gráfica, la orografía, el subsuelo, la
   forma de costas, el suelo, el clima,
   la hidrografía, la fauna y la vegetación.

2. Se utiliza el guión para separar los componentes de una palabra compuesta que no se ha consolidado por completo *(temas socio-políticos)*. Se suprime, en cambio, el guión si los componentes constituyen una palabra compuesta ya consolidada: *hispanoamericano*, *norteamericano*, *tiovivo*, etc.

   código espacio-temporal
   complejo industrial-militar
   manual teórico-práctico
   relaciones norte-sur
   frontera germano-belga
   música tecno-rock

3. Se utiliza el guión para separar dos fechas que señalan el principio y fin de un período histórico, el nacimiento y la muerte de un autor, etc.

   La Revolución francesa (1789-1799) puso fin al antiguo régimen en Francia.
   Maria Callas (1923-1977) debutó en la Scala de Milán en 1950.

4. Se utiliza el guión para representar, en lingüística, los límites de los componentes léxicos de una palabra o, de manera más general, para representar su división silábica:

   cort- -o- -metr- -aje
   almendr- -a

leon- -es
am- -á- -ba- -mos

La palabra *caracol* tiene tres sílabas: ca-ra-col.

5 Se emplea el guión para separar letras y números en ciertas denominaciones (marcas comerciales, instituciones y organismos, etc.):

autovía M-18 bloque A-1
modelo F-16 el 23-F

6 No se emplea guión ni después de ciertos prefijos *(anti-, auto-, bio-, contra-, neo-, super-, vice-...)* ni después de la partícula *ex* ni del adverbio *no* cuando precede a nombres o adjetivos:

antiparasitario
semiconductor
neoliberal
intrauterino
ex alumno
ex marido
pacto de no intervención
objeto no identificado

7 Se emplea la raya para marcar el principio de lo que dice cada personaje en los diálogos:

—Chico, ya casi no te veo, de puro mareada.
—Pues no te remuevas tanto, si estás mareada; cuanto menos remuevas el vino, mejor.
—Bueno, me estaré quietecita —volvió los ojos hacia el río y la arboleda—. Ya es casi de noche del todo.
—Sí, casi.

RAFAEL SÁNCHEZ FERLOSIO, *El Jarama.*

8 Se emplea la raya para intercalar incisos o aclaraciones a modo de paréntesis:

Sainz desea avivar el fuego extinguido de una selección que no gana una medalla —la de bronce— desde el Europeo de 1991 en Roma.

9 Se emplea la raya para introducir, en los diálogos, alusiones y precisiones sobre quien habla.

—Yo no veo, Sancho —dijo don Quijote—, sino a tres labradoras sobre tres borricos.

10 Se emplea la raya para marcar el elemento que se sobreentiende de los componentes de una serie (esta función la desempeñan también las comillas, véase) y para encabezar cada uno de los elementos de una relación:

Rebajas en:
—ropa,
—alimentación,
—perfumería,
—artículos para el hogar, etc.

Empresas patrocinadoras:
—Snif, S.A.
—Trapacería, S.L.
—La Mercantil, etc.

Paréntesis, corchetes y llaves

Paréntesis [()], corchetes ([]) y llaves ({}) son signos ortográficos que tienen en común su función aislante, pues sirven para enmarcar dentro de un texto información complementaria o aclaratoria con respecto a la considerada principal. Los más usuales son los paréntesis curvos.

1 Se usan los paréntesis para introducir una aclaración más o menos incidental. (Se diferencian en este uso de otros signos aislantes como la coma y la raya en que pueden enmarcar interrupciones muy largas, puntuadas como textos autónomos):

En muchos países, para votar es necesario ser mayor de edad (mayor de dieciocho años).
Aristófanes atacó tanto a hombres célebres (Cleón, Sócrates) como a dioses (Dionisio, Heracles).
Ése es nuestro objetivo: divulgar nuestra tesis (que la esencia –la identidad de un ser– se opone a la existencia –el hecho mismo de ser).
Cervantes fue enterrado en el convento de las trinitarias descalzas de la calle Cantarranas (hoy Lope de Vega) de Madrid.

2 Se usan los paréntesis para enmarcar datos explicativos, detalles, significado de palabras extranjeras o de abreviaturas, autor y obra a que pertenece una cita, años de duración de un período, provincia, departamento o país de una localidad, etc.:

En algunos países se produjo un «slump» (hundimiento) de la economía.
Asia es el continente más poblado (60% de la humanidad).
Había nacido en Córdoba (Argentina).
El jansenismo fue ampliamente tolerado por Luis XIV (1669-1679).
Las señoritas de Aviñón (Picasso, 1907) es considerado el primer cuadro cubista.
«El día en que lo iban a matar, Santiago Nasar se levantó a las 5:30 de la mañana...» (GABRIEL GARCÍA MÁRQUEZ, *Crónica de una muerte anunciada*).

3 Se usan los paréntesis para diferenciar en las obras de teatro las acotaciones y los apartes:

DON ROSARIO.–Yo no podría dormir tranquilo si supiese que debajo de la cama hay una bota... Llamaré ahora mismo a una criada.

(Saca una campanilla del bolsillo y la hace sonar.)

DIONISIO.—No. No toque más. Yo iré por ella. *(Mete parte del cuerpo debajo de la cama.)* Ya está. Ya la he cogido. *(Sale con la bota.)* Pues es una bota muy bonita. Es de caballero...

MIGUEL MIHURA, *Tres sombreros de copa.*

4 Se usan los paréntesis en un diálogo introducido por guión (por ejemplo, en un texto narrativo) si hay que introducir una aclaración de la misma persona que habla:

—Estudiaré muy bien la propuesta que acaban de hacerme. Es muy probable que termine aceptándola (si me interesa, claro).

5 Se usan los paréntesis para reescribir, en la correspondencia comercial, una cantidad en número junto a su representación en letras:

Por la realización de la totalidad de trabajos, Cambra, S.A., abonará al colaborador la cantidad de setecientos cincuenta mil pesos ($750 000).

6 Se emplea un solo paréntesis para aislar el número o la letra con que se enumeran los diferentes apartados de un trabajo, los elementos de un conjunto o una serie cualquiera:

El trabajo consta de las partes siguientes:

a) Introducción
b) Metodología
c) Desarrollo de la tesis
d) Conclusiones
e) Apéndice bibliográfico

7 Se usan los paréntesis rectangulares o corchetes —el signo más aislante de entre los parentéticos— para encerrar datos o aclaraciones que añade en un texto quien lo transcribe, para hacerlo más comprensible:

«Es cien por cien seguro
que el mortero [serbio] fue alcanzado. Esta arma [el cañón
de 155 milímetros] es una
obra de arte. No falla, y debo
pensar que hubo bastante
daño alrededor [del blanco]»,

dijo el teniente coronel Chris
Vernon, portavoz militar de
la ONU en Sarajevo.

El País, 24-VIII-95.

8 Se usan los corchetes para incluir en un texto transcrito opiniones, observaciones: *sic*, para indicar literalidad, puntos de elisión para indicar que se omiten fragmentos, etc.:

«Me tratan con mucha diferencia» [quiso escribir *deferencia*], decía en su carta.

«Las órdenes del comandante fueron atacadas [*sic*, por *acatadas*] sin rechistar por todos los soldados.»

9 Se usan las llaves —a veces asimiladas a los corchetes— para encerrar esquemas, la enumeración de miembros de un conjunto, etc.:

<table>
<tr><td rowspan="4">Poetas de la Generación del 27</td><td>F. García Lorca</td></tr>
<tr><td>R. Alberti</td></tr>
<tr><td>Luis Cernuda</td></tr>
<tr><td>Jorge Guillén, etc.</td></tr>
</table>

<table>
<tr><td rowspan="4">Líquidas</td><td rowspan="2">Laterales</td><td>Alveolares</td></tr>
<tr><td>Palatales</td></tr>
<tr><td rowspan="2">Vibrantes</td><td>Simple</td></tr>
<tr><td>Múltiple</td></tr>
</table>

Los signos de interrogación

Si en el habla se manifiestan las preguntas con una modalidad de entonación, en la escritura, para su representación, se recurre a un par de signos, uno inicial o de apertura (¿) y otro final o de cierre (?). Entre ambos signos se contiene aquello que es objeto de interrogación directa *(¿En qué estás pensando?)*. Si la misma pregunta se plantea indirectamente, los signos de interrogación desaparecen *(Me pregunto en qué estarás pensando...)*.

1. Los signos de interrogación sirven para marcar el principio y el final de una pregunta formulada en estilo directo:

   ¿Cómo se llama?
   ¿Te enteraste de lo que le pasó a Ramiro?

2. Si la pregunta afecta a una parte de la frase, los signos de interrogación se ponen donde empiece y termine lo preguntado:

   Juan, dime, ¿cómo te enteraste de lo de Ramiro? Porque yo, que soy su hermano, acabo de saberlo ahora mismo.
   Pero, ¿estás loco o qué?, ¡mira que pasar el semáforo en rojo...!

3. Si se formulan varias preguntas consecutivas, cada una tiene que llevar sus propios signos y empezar por mayúscula:

   ¿Qué dices? ¿Cuándo ha sido? ¿Quién te lo ha contado? ¿Lo sabe vuestro padre? ¿Y dónde está ahora?

4. Si son muy breves, las preguntas consecutivas pueden escribirse como en el ejemplo anterior —con mayúscula al principio de cada una— o bien separadas por comas o por puntos y comas y con minúscula:

   ¿Cómo vienes así?, ¿dónde has estado?, ¿con quién?, ¿qué habéis hecho?

5. Si una frase es a la vez interrogativa y exclamativa, se utilizan ambos signos, al principio y al final. Lo ideal es dar preponderancia al que rige la intención de la frase, aunque debe tenerse presente que la colocación de dichos signos, en la lengua escrita, puede variar significativamente el sentido de la misma:

   ¿¡Que se atrevió a negarlo!?
   ¿¡Qué!? ¿Se atrevió a negarlo?

¿Qué?... ¿¡Se atrevió a negarlo!?
¿¡Cómo te atreves!?
¿¡Cómo!? ¿Te atreves?
¿¡Te atreves!?... ¿Cómo?

6 Se usa un solo signo interrogativo (el de cierre) para expresar inseguridad o desconocimiento:

No estoy seguro, pero creo que dijo «perigeo» (?).
Gutierre de Cetina (Sevilla, 1520-México, ?)

Los signos de admiración

Mientras que en el habla se puede manifestar sorpresa, asombro o cualquier otra emoción exaltada —o simplemente enfática— mediante una especial entonación de voz, en la escritura, para representar cualquier exclamación, se recurre a los signos de admiración, uno inicial o de apertura (¡) y otro final o de cierre (!). Entre ambos signos se contiene aquello que es objeto de exclamación.

1. Se ponen los signos de admiración al principio y al final de los enunciados exclamativos (aquellos que expresan un sentimiento o una emoción con intensidad):

   ¡Está nevando!
   ¡Qué desastre!
   ¡Qué demonio de hombre!
   ¡Corre, que te alcanzo!
   ¡Fuera de aquí!

2. Si la exclamación afecta a una parte de la frase, los signos de admiración se ponen donde empiece y termine la exclamación:

   ¡A las armas!, gritaron todos.
   Íbamos tan tranquilos cuando —¡no veas la que se armó!— empezaron los de Gochinde a tirarnos piedras desde el puente.
   Y ahora, ¡para que te enteres!, me voy de viaje con Julián, y a ti ¡que te parta un rayo!

3. Se suelen escribir entre signos de admiración las interjecciones *(¡ay!, ¡oh!)*, las apelaciones *(¡Oiga!, ¡Eh, usted!)*, ciertas invocaciones religiosas *(¡Dios mío, protégeme!)* y, en algunos casos, ciertas formas verbales imperativas y exhortativas:

   ¡Cállese!
   ¡Hazlo inmediatamente!
   ¡Sálvese quien pueda!
   ¡Huyamos!

4. Si se manifiestan varias exclamaciones seguidas, cada una tiene que llevar sus propios signos y empezar por mayúscula:

   ¡Ladrón! ¡Malas entrañas! ¡Ojalá te despidan del trabajo!
   ¡Sentaos! ¡Sentaos y callaos, por favor!

¡Socorro! ¡Auxilio! ¡Ayúdenme!
¡Corred! ¡Venid! ¡Mira qué bicho tan raro hay aquí debajo!

5 Si son muy largas las exclamaciones en serie pueden escribirse como en los ejemplos anteriores —con mayúscula al principio de cada enunciado— o separadas por comas o por puntos y comas y con minúscula:

¡Corre!, ¡que te agarro!
¡Ay, Dios mío!, ¡lo que tenemos que sufrir!
¡Qué desastre!, ¡qué ruina!, ¡cuánta basura!, ¡cuánta porquería junta!
¡Calla!, ¡luego me lo cuentas!

6 Si una frase es a la vez interrogativa y exclamativa, se utilizan ambos signos, al principio y al final. Lo ideal es dar preponderancia al que rige la intención de la frase, aunque debe tenerse presente que la colocación de dichos signos, en la lengua escrita, puede variar de manera significativa el sentido de la misma:

¡¿Que no te lo dio?!
¡¿Qué?! ¡¿No te lo dio?!
¡¿Que has visto un platillo volante?!
¡¿Qué?! ¡¿Has visto un platillo volante?!
¡¿Qué has visto?! ¡¿Un platillo volante?!

7 Se usa el signo de admiración de cierre, escrito entre paréntesis, para expresar el asombro que produce lo expresado por otro:

Dijo de sí mismo que era un genio (!).
Costaba cincuenta mil dólares (!).
Imagínate que no tuvo reparos en ponerse a cantar (!), con la voz que tiene.
Al llegar se excusó (!); era la primera vez que lo hacía por llegar tarde.

Las mayúsculas

COMO decíamos al principio, en la Introducción, los problemas ortográficos no afectan sólo a las letras y a la puntuación, también afectan a las palabras; lo hemos comprobado al tratar la acentuación. Vamos a ver ahora otro problema ortográfico que también afecta a la palabra: las mayúsculas.

Las letras mayúsculas se diferencian en el uso de las minúsculas por su empleo más restringido a ciertos casos, para destacar determinadas palabras. En otras épocas se ha abusado de las mayúsculas empleadas por su valor enfático para dar realce (contrasta este uso con el valor gramatical que pueden tener en otras lenguas como el alemán, donde, por ejemplo, los sustantivos se escriben con mayúscula); actualmente, en cambio, se tiende a limitar su empleo y a sustituirlas por minúsculas en los casos en que las reglas académicas no son muy precisas.

En general, no se escriben enteramente en mayúsculas textos extensos, palabras o frases completas, sino en determinadas ocasiones: anuncios publicitarios, siglas y acrónimos (ONU, INI, PRI, E.U.A., C.E.E.), inscripciones monumentales, datación en números romanos (XXVIII-XII-MDCCCLXXII), diálogos de las viñetas de cómics y tebeos, título y nombre del autor (la colección, la editorial) en la portada de libros (discos, casetes, vídeos), cabecera de diarios y revistas (EL PAÍS, LA VANGUARDIA, ABC, EL MUNDO), etc. De todos estos casos, en el de las siglas y en el de los números romanos tienen las mayúsculas carácter obligatorio; en los demás bastaría escribirlas sólo cuando lo exigen las reglas generales.

No faltan tampoco ejemplos, especialmente en literatura, en que las mayúsculas se emplean con valor expresivo, para sugerir intensidad o elevación de voz: «Tú lo has querido. ¡AHÍ VA! ¡AGÁRRATE!» (JOSÉ ÁNGEL MAÑAS, *Historias del Kronen*). Ni otros en que —como en parte de la prensa de Hispanoamérica— se escriben con letra inicial mayúscula las palabras más significativas de los titulares con el propósito de atraer la atención del lector. Lo más común, no obstante, es reservar el empleo de las mayúsculas para la letra inicial de palabras que tengan que llevarla por razón de su posición en el texto (primera palabra de un escrito y la que va después de punto), de su condición de nombre propio o en virtud de otras circunstancias que se reglamentan en las páginas siguientes. (Hay que advertir que como las reglas son muy heterogéneas y no siempre se aplican con unanimidad, las que son más orientativas que obligatorias se marcan con alguna fórmula del tipo «se suelen...» o «se tiende a...».)

Finalmente, debe recordarse que las mayúsculas como las minúsculas tienen que llevar tilde cuando así lo exijan las reglas de acentuación (*FERNÁNDEZ, SÁEZ*, etc.) y que en las palabras que empiezan con una combinación de dos letras para representar un sonido *—ll, ch, gu, qu—*, si tuvieran que llevar mayúscula, sólo se escribirá como mayúscula la letra inicial: *Llosa, Chapí, Guerrero, Quijano*.

Mayúsculas en los nombres propios

Los nombres propios son una clase de sustantivos que, sin necesidad de artículo ni de otros determinantes (posesivos, demostrativos, indefinidos, etc.), sirven para identificar a una persona, un lugar geográfico, un establecimiento o institución, etc. Los nombres propios se diferencian de los comunes en la escritura en que siempre llevan su letra inicial en mayúscula.

1. Se escriben con letra inicial mayúscula los nombres propios de persona, los de animales y los de lugar:

María	Babieca	Bogotá
Daniel	Platero	Polinesia
Pepa	Micifuz	Nilo
González	Copito de Nieve	Himalaya

2. En el caso de que un nombre de lugar lleve artículo, también éste se escribirá con mayúscula *(La Paz, El Salvador)*; la preposición y el artículo de los apellidos se escriben con mayúsculas sólo cuando inician la denominación (*Hablé con Del Moral*, pero, en cambio, *Hablé con José del Moral*):

La Coruña	Vincent van Gogh
De la Fuente	Van Gogh
El Callao	Margarette von Trotta
Pedro de los Ríos	Von Trotta

3. Se escriben con mayúscula los atributos con que se designa a Dios o a la Virgen o a la divinidad en general, así como los diversos nombres con que se conoce a Jesucristo:

el Buen Pastor	el Creador	la Purísima
el Mesías	la Inmaculada	el Todopoderoso
el Redentor	Padre	Hijo
Espíritu Santo	Alá	Yahvé

4. Se escriben con mayúscula los sobrenombres o apodos con que se conoce a ciertas personas. Si el sobrenombre incluye habitualmente el artículo (no es el caso, por ejemplo, de *Ernesto Che Guevara* ni de *Dolores Ibárruri, Pasionaria*), éste suele escribirse también con mayúscula siempre que inicie la denominación:

Isabel la Católica	Juana la Loca
La Bella Otero	la Pasionaria

Jack el Destripador	El Lute
el Bosco	Alfonso el Sabio
El Cordobés	Billy el Niño
el Che	La Maña

5 Se escriben con mayúscula los nombres de los personajes de ficción, así como los de aquellos objetos que hayan sido singularizados por algún motivo (por ejemplo, las espadas del Cid: *Tizona, Colada*):

la espada Excalibur	el Buey Apis
el Santo Grial	Carpanta
Zipi y Zape	el Muro (de Berlín)
la mona Chita	la orca Ulises
el Capitán Trueno	la mula Francis
Polifemo	el petrolero Oasis

6 Se escriben con mayúscula los sustantivos y adjetivos que componen los nombres de instituciones, entidades, organismos, grupos musicales, partidos políticos, calles, establecimientos, etc. (Si alguno de esos nombres quedara reducido a sus iniciales, igualmente se conservarían las mayúsculas: *ONU, C.E.E,* etc.):

Real Academia de la Lengua
Instituto de Humanidades
Unión Deportiva Langreo
Dúo Dinámico
Museo de Arte Románico
Sociedad de Amigos del País
Amnistía Internacional

7 Se escriben con letra inicial mayúscula los nombres de las festividades:

Día de la Hispanidad	Día de la Mujer Trabajadora
Domingo de Ramos	Viernes Santo
Todos los Santos	Año Nuevo
Día de la Constitución	Día del Libro

8 Se escriben con letra inicial mayúscula los nombres de los grandes acontecimientos y los de los meses y días de la semana que nombran jornadas históricas, pero no los adjetivos que suelen acompañarlos:

Revolución francesa
Revolución mexicana
el 18 de Julio de 1936
el Día D
Revolución rusa
Revolución castrista
el Lunes negro
el 14 de Julio de 1789

9 Se escribe con mayúscula la primera palabra de los títulos de los libros, obras artísticas, discos, películas, etc.:

El espíritu de la colmena
La tía Julia y el escribidor
Los tranvías de Praga
Las señoritas de Aviñón
Invítame a pecar
El otoño del patriarca
El maquinista de la General
Tratado de física teórica

10 Se escriben con mayúscula cada letra inicial de los nombres de las revistas, diarios, etc., menos las partículas conectoras (preposiciones, conjunciones...):

El Mundo Deportivo
El Correo Español
El Urogallo
Cuadernos de Cine
La Gaceta Mercantil
Diario de la Tarde
Diario del Puerto
El Viejo Topo

11 Se escriben con mayúscula los nombres latinos empleados científicamente para designar géneros de animales y plantas:

Antirrhea philoctetes (especie de mariposa)
Phaeophilacris (grillo de cueva)
Phylum ginkgophyta (el árbol llamado ginkgo)
Dryopteris filix-mas (tipo de helecho)

12 Se suelen escribir con letra inicial mayúscula los nombres de las zonas geográficas *(Centroamérica)*, pero no los de los puntos cardinales empleados genéricamente (a no ser que vayan en abreviatura: N, S, E y O):

Oriente Medio
América del Sur

el Sudeste asiático
el Norte peninsular
dirección oeste
algo más al sur
al sudeste de Zagreb
al noroeste de Belgrado

13 Se escribe con mayúscula la numeración romana. Suele emplearse ésta para precisar el número con que se diferencian los siglos, reyes y papas del mismo nombre, determinados acontecimientos deportivos (olimpiadas), los capítulos de un libro, los volúmenes de una serie *(tomo II)*, etc.

Juan Pablo II
el siglo XX
XX Juegos de Invierno
capítulo VII
monumentos de la IV dinastía
el XVII Congreso Internacional de Aeronáutica

14 Se va generalizando el uso de la minúscula en la inicial de los nombres que designan períodos históricos, épocas, estilos y nombre de una generación o grupo artístico:

surrealismo
modernismo
románico
barroco
la prehistoria
generación del 98
el romanticismo
generación del 27
grupo del 68

15 Se escriben con minúscula los nombres propios de persona o lugar usados como si fueran comunes *(ser un donjuán, tomar una copa de champaña)* y los nombres de los meses, estaciones del año y días de la semana cuando no designan hechos históricos:

Iré el primer lunes de octubre.
El 18 de julio de 1936 murió su padre.
Estuvo haciendo el babieca durante un buen rato.
Se bebió tres vasos de oporto.

16 Se suelen escribir con minúscula los nombres propios de marcas comerciales cuando se emplean como si fueran nombres comunes *(No te olvides de traerte la kodak)* y no para distinguir dos productos de diferente marca:

Por favor, póngame un dónut y un café con leche.
No tiene un reloj cualquiera; tiene un Rólex.
Se ha tomado tres danones azucarados.
Nuevo yogur Danone con azúcar.

17 Se tiende a escribir con minúscula el genérico que precede a ciertos nombres propios de lugar, geográficos, etc.

Por la calle de Alcalá.
Navegó por el golfo de México.
Entró en el cine Arcadia.
Anduvo por los montes Pirineos.
Trabaja en el museo Picasso.
Visitó el cañón del Colorado.
Estudia en el instituto Puig Castellar.
Recorrió la sierra de Gredos.

18 Se escriben con minúscula las palabras originariamente formadas por siglas que se han convertido con el uso en nombres comunes:

sonar
cobol
radar
tebeo
talgo
ovni
pymes
elepé
motel
láser
sida
napalm

Mayúsculas por puntuación

Si para marcar el final de una oración se emplean los signos de puntuación (especialmente el punto), como ya se vio en su momento, para marcar el principio de una frase o de un párrafo se utilizan las mayúsculas.

1 Se escribe con letra inicial mayúscula la primera palabra de un escrito:

Había empezado a leer la novela unos días antes. La abandonó por negocios urgentes, volvió a abrirla cuando regresaba en tren a la finca; se dejaba interesar lentamente por la trama, por el dibujo de los personajes.

JULIO CORTÁZAR, «Continuidad de los parques», en *Final del juego.*

2 Se escribe con letra inicial mayúscula la palabra que va detrás de punto:

Fui a Los Ángeles para un año y me quedé diez. Llegué por la noche a la inmensa terminal de autocares Greyhound —que recorren el país de punta a punta—, después de cuatro días de viaje ininterrumpido desde Nueva York. Mi primer recorrido por la ciudad...

MARÍA ROSA OBIOLS, *Los Ángeles.*

3 Se exceptúa de las reglas anteriores el caso de la palabra que sigue a una cifra inicial:

100 personas figuran como objetivos en una *lista negra* de los cabezas rapadas.
180 000 espectadores en diez días.
300 muertos en un atentado terrorista.

4 Se escribe con letra inicial mayúscula la palabra que va después de exclamación o interrogación si es otra oración:

¿Que quiénes lo harán? Lo haréis todos. Tú, por eso, no te preocupes.
¡Otra barbaridad! Como sigan diciendo barbaridades, van a acabar con nuestra paciencia.
¡Cuánta gente! ¡Ni que aquí regalaran dinero! Yo, por lo menos, no me quedo.

5 Se escribe con letra inicial mayúscula la palabra que va después de dos puntos si es la primera de una cita textual, un decreto, proclama, etc., o la que sigue al encabezamiento de una carta:

Después de pensarlo mucho rato, contestó: «Ya veremos».

Queridos padres:
El viaje a Berlín transcurrió con toda normalidad; sólo hay que destacar un incidente con la policía.
Esta Consejería ha dispuesto:
Adjudicar las plazas según los méritos obtenidos por los concursantes.

6 Se escribe con letra inicial minúscula la palabra que va detrás de los dos puntos si es la primera de una enunciación explicativa, de una argumentación causal o de un elemento que mantiene una perceptible continuidad sintáctica con lo anterior:

Mira qué llevan en ese camión: ovejas y cabras.
Usted no podrá reconocerlo: le han hecho la cirugía estética.
Te lo repito: no lo puedo creer.

7 Se escriben con minúscula los términos iniciales de una relación, serie, etc., así como la palabra que sigue a coma o a punto y coma:

En la solicitud deberán constar los siguientes datos:
—apellidos, nombre y domicilio del aspirante;
—plaza a la que aspira;
—méritos que alega para aspirar a la plaza; etc.

Ernestina colecciona sellos, discos y monedas; su amiga Silvia, en cambio, prefiere las postales, las fotografías antiguas y los minerales.

Otros usos de las mayúsculas

Igual que hablamos de acento diacrítico en su momento, podría hablarse de mayúsculas diacríticas para diferenciar el sentido que una palabra tiene según el contexto: así, si hablamos de *la autoridad del papa*, esta última palabra, escrita en minúscula, se referirá a cualquier *papa*, pero si escribimos *la autoridad del Papa*, nos estaremos refiriendo a uno en particular (por ejemplo, a Juan XXIII).

1. Se escriben con mayúscula los títulos de autoridades y jerarquías si se atribuyen a una persona determinada y no preceden al nombre propio de quien ostenta esa dignidad (como *el Papa, el Rey* y *la Duquesa* si se refieren, por ejemplo, al *papa Juan Pablo II*, al *rey Juan Carlos I* o a *la duquesa de Alba*), pero no cuando se emplean genéricamente, que entonces se escriben con minúscula:

   El Jefe del Gobierno abrió el debate parlamentario.
   El anarquismo se levanta contra cualquier tipo de autoridad, sea la del papa, la del rey o la del gobierno.
   El Papa ofició la ceremonia.
   La reina Isabel, consternada.
   Sus Majestades veranean en Palma.

2. Se escriben con mayúscula los nombres de entidades si designan a una determinada:

   los estados democráticos / el Estado español
   el gobierno de los socialistas / el Gobierno socialista
   el estado de malestar /el Estado del bienestar
   un ejército obsoleto / el Ejército de Tierra

3. Se escriben con mayúscula los nombres genéricos usados por antonomasia:

   la Península (por *la península Ibérica*)
   las Islas (por *las islas Canarias* o *las islas Baleares*)
   el Estrecho (por *el estrecho de Gibraltar*)
   el Partido (por *el nombre de un partido comunista*)
   el Golfo (por *el golfo Pérsico*)

4 Se escriben con mayúscula las palabras de tratamiento si van escritas en abreviatura:

Excmo. Sr. (por *excelentísimo señor*)
Ud. (por *usted*)
Sr. D. (por *señor don*)
Ilmo. Sr. (por *ilustrísimo señor*)

5 Se suelen escribir con mayúscula —por su valor enfático— los nombres de determinadas disciplinas entre quienes se dedican a ellas:

el Derecho
la Pedagogía
las Matemáticas
la Biología
la Química
Geografía e Historia
la Ley
la Medicina
la Astronáutica
Lengua y Literatura
la Filosofía
Ciencias de la Naturaleza

6 Se suelen escribir con mayúscula para mostrar respeto o veneración, entre católicos, ciertos pronombres personales referidos a Dios o a la Virgen:

Él	Tú
Ella	a Ti
Vos	Contigo

Los numerales

LAS series de los números se expresan normalmente en cifras arábigas (1, 2, 3,...). Hay distintas series con palabras propias de cada una. Éstas son las correspondientes a los números *cardinales, ordinales, partitivos* y *múltiplos*. También hay algunos nombres de números colectivos. En casos especiales se usa la numeración romana, como veremos.

El principal problema en la escritura de los números está en el uso adecuado, según el contexto y la dificultad, de los guarismos arábigos o de sus palabras correspondientes. No hay reglas explícitas al respecto pero el uso periodístico ha consagrado que se escriban con todas las letras los números cardinales del cero al nueve. Se exceptúan las relaciones en las que entran cifras menores y mayores de nueve; entonces, se escriben todas con guarismos. Así, se suele escribir: *4 camiones, 12 motos y 45 coches*. Las cifras redondas *(un millón de personas)*, que a menudo expresan cantidades aproximadas, se escriben con todas las letras, o con una combinación de guarismos y letras si no son tan redondas *(132 millones)*.

Hay, sin embargo, contextos en los que las reglas sobre la escritura de las cifras son claras, como pueden ser la numeración de los años, de los siglos, de los pisos de un edificio, etc. En todo caso, hay que conocer la escritura de los nombres de todas las cifras porque son palabras existentes en nuestra lengua y exigidas en algunos contextos, por ejemplo en los talonarios, la cantidad en pesos y el día del mes.

Cardinales

Los cardinales expresan exclusivamente números enteros sin tener en cuenta el orden, la proporción, etc. Esta serie es teóricamente infinita, lo cual conlleva problemas de composición de palabras. Los únicos números simples son los que van del cero al nueve. Esto no significa que éstas sean las únicas palabras simples. *Mil*, por ejemplo, es simple.

1. Se escriben en una sola palabra las cifras del 1 (uno) al 30 (treinta), y también las decenas, las centenas y mil:

cuatro	veinticinco
nueve	veintinueve
diez	treinta
quince	sesenta
dieciséis	ochenta
dieciocho	doscientos
veinte	seiscientos
veintitrés	mil

2. Se escriben en palabras separadas las cifras a partir del 31 (treinta y uno) en adelante, salvo las señaladas en la regla anterior. Las cifras más altas que tienen palabra propia en letras son los trillones (un millón de billones, que se expresa por la unidad seguida de dieciocho ceros):

treinta y ocho
setenta y siete
ciento cuarenta y cinco
trescientos veintidós
quinientos quince
ochocientos noventa
mil doscientas tres
dos mil quinientas dos
ocho mil tres
veinticinco mil
un millón
un billón
mil trillones

3 El cardinal *uno* y los terminados en *uno* tienen flexión de femenino (*una, veintiuna, treinta y una*) y pasan a ser *un/una* cuando preceden inmediatamente al sustantivo:

Tú has cogido siete manzanas; yo me he quedado con una.
Tú solamente tienes un coche; yo también tengo uno.
Ha muerto uno de los creadores de la novela contemporánea.
Fue un creador excepcional.
Había doscientos un presos en la cárcel; veintiuno de ellos en situación preventiva.
Veintiuna personas quedaron atrapadas en el piso veintiuno.

4 El nombre correspondiente a 100 es *ciento*, y cuando precede al sustantivo, *cien*:

Tiene cien cabezas de ganado.
Si pago al contado me hacen un descuento del diez por ciento.
Acudieron a la conferencia unas cien personas.
Había ciento y pico personas.
Mañana compraremos 840 (ochocientos cuarenta) sobres.

5 Las centenas tienen flexión de género a partir del doscientos/doscientas:

Unos novecientos edificios ocupaban doscientas hectáreas aproximadamente.
El abrigo de pieles costó alrededor de ochocientos mil pesos.
Andrés contó los 523 (¡quinientos veintitrés!) peldaños, uno a uno.

6 Las fechas que se refieren a días y años se escriben con guarismos arábigos y sin puntos, según el orden y las formas que se indican a continuación (se exceptúan los documentos que exigen la fecha del día y el mes en letras como los talonarios):

14 de noviembre de 1947
1, enero, 1996
21-8-1972

7 Se escriben siempre con guarismos arábigos la numeración de los edificios en las calles, los números que forman parte de un nombre propio *(Boeing 747)*, los números que identifican un texto legal, las cifras con decimales,

los porcentajes (con su correspondiente signo matemático unido al último número):

Se abre una nueva sala de exposiciones en Hermanos Bécquer, 3.
Todavía existe algún club de amigos del Seat 600.
Nos remitimos al Decreto 9/83.
El ejemplar medía 6.50 centímetros de longitud.
Sólo hubo un 9% de abstenciones.

8 También se escriben con guarismos arábigos los números de unidades militares, los de puntos kilométricos, la numeración de las carreteras (salvo las nacionales radiales, que se escriben con números romanos), las fracciones de hora, los calibres de las armas, los grados de latitud o de longitud, los grados de temperatura, los de intensidad de los terremotos, los tantos de las competiciones deportivas y las cifras de los problemas matemáticos o de pasatiempos:

Escribe a: Regimiento de Infantería de Zaragoza número 8.
Los accidentes ocurrieron en la N-126 y en la N-IV.
El banquete se iniciará a las 2:30 h.
Había tres fusiles del 9 largo.
La población está a 7 grados de latitud norte y, en este momento, a 25° de temperatura.
El partido entre el Iguala y el Mérida acabó con el resultado de 2 a 3.

Ordinales

Los ordinales son los números que sirven para señalar el orden en una serie de personas, animales o cosas. Esta numeración suele usarse sólo en cifras bajas, pero existen en nuestra lengua palabras para nombrar los ordinales hasta cifras muy elevadas.

1. Los ordinales tienen todos flexión de género: *primero/a, segundo/a, tercero/a, cuarto/a, quinto/a, sexto/a, séptimo/a* o *sétimo/a, octavo/a, noveno/a* o *nono/a, décimo/a* o *deceno/a,* etc., pero en los números de varias cifras sólo concuerda en género la última, las demás van en masculino:

   Vive en el segundo piso.
   Siga hasta la tercera calle y al llegar a ella gire a mano derecha.
   Es la quinta vez que le oigo decir lo mismo.
   El sexto de la fila se quedó dormido.
   La fila vigésimo quinta está completa y la octava casi vacía.

2. *Primero* y *tercero* se convierten en *primer* y *tercer* delante de sustantivo:

   El primer papa de la historia de la Iglesia fue San Pedro.
   El tercer vagón está muy lleno.
   Ella llegó primero.
   Es el tercero de los hijos del rey.

3. Los ordinales del 11° al 19° se escriben sin separar los compuestos que forman la palabra:

   undécimo u onceno
   duodécimo o doceno
   decimotercero
   decimocuarto
   decimoquinto
   decimosexto
   decimoséptimo
   decimoctavo
   decimonoveno/nono

4. A partir del 20 (*vigésimo*) se escriben las decenas separadas de las unidades:

   vigésimo primero
   octogésimo noveno

sexagésimo tercero
cuadragésimo segundo
nonagésimo sexto
quincuagésimo quinto
trigésimo cuarto
nonagésimo
septuagésimo

5 Cada una de las centenas se escribe en una palabra, a la que pueden seguir la palabra que designa las decenas y la que designa las unidades:

centésimo (100º)
duocentésimo cuarto (204º)
tricentésimo undécimo (311º)
cuadringentésimo vigésimo octavo (428º)
quingentésimo nonagésimo tercero (593º)
sexcentésimo (600º)
septingentésimo (700º)
octingentésimo (800º)
noningentésimo (900º)
noningentésimo sexto (906º)

6 Los milésimos o los millonésimos se expresan en cardinales que los preceden por separado a partir del *milésimo* (1 000º) y del *millonésimo* (1 000 000º):

dos milésimo (2 000º)
tres milésimo quingentésimo vigésimo tercero (3 523º)
cien milésimo séptimo (100 007º)
cuatrocientos millonésimo (400 000 000º)

7 Por fortuna, debido a su complejidad, sólo se suele usar la forma ordinal hasta el 20º y a partir del 10º, se pueden, y se suelen, usar los cardinales en lugar de los ordinales:

Enrique VIII (octavo) hizo matar a su esposa Ana Bolena, madre de Isabel I (primera) de Inglaterra.
Subimos andando al piso 24º (veinticuatro o vigésimo cuarto).
Juan XXIII (veintitrés) fue un papa muy atento a los problemas sociales.
En septiembre se celebrará la 15ª (la decimoquinta o la quince) Feria del Vino.

La etapa histórica que va del siglo V (quinto) al siglo XV (quince) se llama Edad Media.

8 Se usan números romanos para nombrar el orden de los siglos y de algunos nombres propios como son los de los papas, los reyes y, excepcionalmente, personajes de linajes muy elevados desde el punto de vista social. El adjetivo numeral en cifras romanas suele ir por lo general siguiendo al nombre pero no precediéndolo:

Alfonso XII (doce) era nieto de Fernando VII (séptimo).
El Imperio Romano de Occidente cayó en el siglo V (quinto); el Imperio Romano de Oriente, en el siglo XV (quince).
El papa León XIII (trece) escribió la encíclica *Rerum novarum*.

9 También se usan números romanos para nombrar las carreteras nacionales radiales y las regiones militares. Se pueden aplicar asimismo a genealogías de personajes de ficción, a la numeración de los capítulos, a actos de una obra teatral, a tomos o volúmenes, etc.:

Hubo un accidente mortal en el km 8 de la N-IV (nacional cuatro).
El desenlace de la obra empieza en el acto III (tercero).
En la novela no aparece el protagonista hasta el capítulo II (segundo).
La película de más recaudación este mes ha sido *Rocky III* (debería decirse *tercero,* pero por influencia del inglés se dice tres).

Múltiplos, partitivos y colectivos

Los *múltiplos* son los numerales que sirven para contar el número de veces que es contenida una cantidad determinada, los *partitivos* son los adjetivos que sirven para contar el número de partes en que se divide algo y los *colectivos* son los que nombran el número de componentes de un conjunto.

1 Los múltiplos se forman con los sufijos *-ble* o *-plex* y *-ple* o *-plo, -pla.* Sólo existen las siguientes palabras específicas y, en todo caso, siempre se puede usar la forma perifrástica *dos veces más, veinticuatro veces más, cien veces más*, etc.:

doble *o* dúplex	séxtuple/o/a	undécuple/o/a
triple *o* triplo/a	séptuple/o/a	duodécuple/o/a
cuádruple/o/a	óctuple/o/a	céntuple/o/a
quíntuple/o/a	décuple/o/a	

2 Los partitivos se forman con las palabras *mitad* o *medio/a, un tercio,* o con las perífrasis a partir de los ordinales (*la tercera parte, la cuarta parte* o *un cuarto, la quinta parte* o *un quinto*, etc., hasta *la décima parte* o *un décimo*) y con el sufijo *-avo/a* a partir del *onceavo/a* (*doceavo, treceavo, catorceavo,* etc.). También se admiten las formas *onzavo, dozavo, trezavo, catorzavo, quinzavo* y *dieciochavo.*

Me dio un tercio del pastel (o la tercera parte del pastel).
Compraron la mitad de la casa (o media casa).
Los impuestos sobre la herencia son de una cuarta parte sobre el valor heredado (o un cuarto del valor heredado).
Hace veinte años, el alquiler de este piso valía la décima parte (o un décimo) de lo que vale ahora.
La casa ocupa la veintiunava parte del terreno de la propiedad.
Dame un treinta y dosavo del total.

3 Los colectivos son *par* o *pareja* y, especialmente usados para designar conjuntos musicales, *dúo, trío, cuarteto, quinteto, sexteto, septeto* y *octeto*. También se usan los pronombres numerales colectivos que se exponen en la regla cuatro y los adjetivos numerales colectivos de la regla cinco:

Miguel y Luis son un par de crápulas.
La muerte y la doncella es uno de los cuartetos más famosos de Schubert.

Los quintetos de Mozart son una maravilla.
En la partida de póquer sólo me salieron parejas y tríos.

4 También se usan los pronombres numerales colectivos: *decena* (10), *docena* (12), *quincena* (15), y los colectivos que indican, además de un conjunto, un valor aproximativo, *veintena, treintena, cuarentena, cincuentena, sesentena, setentena, ochentena, noventena, centena, centenares* y *millares*:

Los huevos se venden por docenas.
Las decenas y las centenas son los conjuntos de diez y de cien respectivamente.
Unas informaciones hablan de centenares de personas, otras de millares.
Muchos jóvenes empiezan a trabajar tarde ahora, cuando se acercan a la treintena.

5 Los adjetivos numerales colectivos siguientes califican aproximadamente la edad de personas, animales o cosas. Se consideran jóvenes las personas *quinceañeras, veinteañeras* y *treintañeras*. Se consideran maduras las personas *cuarentonas, cincuentonas* y *sesentonas*, y ancianas, las *septuagenarias, octogenarias, nonagenarias*. Para los cien y mil años se dice *centenario* y *milenario*:

Al olmo centenario dedicó algunos versos Antonio Machado.
Las quinceañeras hablan y ríen a gritos cuando se reúnen.
Era un hombre cuarentón, con bastantes canas.
Tenían en casa a la abuelita nonagenaria, que apenas se movía de su sillón.
El milenario de la iglesia románica de San Miguel se celebra el año que viene.

Temas complementarios

Los problemas ortográficos no se limitan al uso correcto de determinadas letras ni a la colocación adecuada del acento o de los signos de puntuación. Afectan, como hemos visto, a la escritura de mayúsculas y minúsculas, al modo apropiado de escribir los numerales, etc. Hay asimismo otras cuestiones ortográficas que, aunque han sido mencionadas por guardar relación con temas anteriores, pueden ser estudiadas ahora de manera más detallada. Veamos los casos de mayor interés.

Diéresis. Este signo ortográfico (¨) se escribe sobre la *u* de las sílabas *-güe-* y *-güi-* para indicar que la *u* debe pronunciarse, como en *agüero* y *lingüístico*. Si no se pusiera este signo en las palabras que tienen que llevarlo, la *u* sería muda, como en *guerra* o en *guijarro*.

Palabras unidas o separadas. Ciertos conjuntos de palabras que expresan conceptos unitarios pueden escribirse unas veces formando una sola palabra *(hispanoamericano)* y, otras, separadas por un guión *(teórico-práctico)*. En el apartado correspondiente se establece qué grupos se escriben de manera conjunta formando palabras compuestas y cuáles se escriben por separado.

Partición de palabras. Al escribir la última palabra de una línea, si no cabe entera, no puede partirse de cualquier manera, tiene que respetarse su composición silábica. Si tuviéramos que separar en dos líneas la palabra *partitura*, sólo podríamos hacerlo según su división silábica: *par-ti-tu-ra*.

Palabras que se pronuncian igual. De los términos que se pronuncian igual aunque sean distintos por su origen, por su categoría gramatical o por su significado, se dice que son *homónimos* u *homófonos* entre sí. Por ejemplo: *encima* ('sobre') y *enzima* ('molécula formada por proteínas').

Palabras parecidas. Si dos palabras suenan de manera parecida se dice que son parónimas. Por ejemplo, *infringir* e *infligir*.

Palabras que pueden inducir a error. Un problema cercano al que pueden representar los parónimos lo constituyen aquellas palabras que, sin ser exactamente parónimas, pueden escribirse erróneamente por analogía o parentesco con otras. Por ejemplo, *cirugía* y *cirujano*, *investir* y *embestir*, etc.

Palabras con dos grafías. Denominamos heterógrafas o palabras con dos grafías a aquellas que admiten —indistintamente, sin que varíe su significación— dos formas escritas: *quiosco* y *kiosco, carnet* y *carné,* etc.

Abreviaturas. Una *abreviatura* es una forma de representar en la escritura palabras con sólo una o algunas de sus letras. Por ejemplo, *Sr. (señor)* o *etc. (etcétera).*

Acrónimos y siglas. Los *acrónimos* son palabras formadas a partir de las iniciales o de las primeras sílabas de enunciados muy amplios. Se leen como palabras normales, sin deletrear; por ejemplo, *pymes* (—pequeñas y medianas empresas—). Las *siglas* son iniciales que representan palabras con gran presencia en la vida pública y cuya frecuencia de uso ha consolidado esta forma de abreviatura. Se leen deletreando; por ejemplo, *U.G.T.* (Unión General de Trabajadores).

Adaptación de palabras extranjeras. Las palabras que se incorporan al español procedentes de otras lenguas tienden a adaptar su pronunciación y su escritura a las de nuestra lengua. Así, *smoking* se convierte en *esmoquin, stress* en *estrés,* etc.

La diéresis

Se llama diéresis o crema al signo ortográfico (¨) que se coloca preceptivamente sobre la *u* de las sílabas *gue, gui* para indicar que debe ser pronunciada y que forma los diptongos *ue, ui*: *cigüeña, pingüino*. Si no se pusiera en esos casos diéresis, la *u* sería muda, como en *guerra, guiso*, etc.

1. Se escribe diéresis sobre la *u* para indicar que se pronuncia en las sílabas *gue*, *gui*:

vergüenza	piragüismo
nicaragüense	pedigüeño
ungüento	ambigüedad
argüir	cigüeñal
agüero	halagüeño
lingüístico	pingüe
agüista	desagüe
antigüedad	bilingüe
exangüe	pingüino

2. En poesía acostumbraba a ponerse diéresis sobre la vocal débil de un diptongo para indicar su ruptura por necesidades métricas. El verso «En el cárdeno cielo vïoleta» (Antonio Machado) tiene originariamente diez sílabas, pero al colocarse la diéresis sobre la *i* de *violeta*, el diptongo se deshace, se produce una sílaba más y el verso se convierte en endecasílabo (11 sílabas):

aïre	(a-ï-re)
rïela	(rï-e-la)
ruïdo	(ru-ï-do)
cubïerto	(cu-bï-er-to)
nïebla	(nï-e-bla)
süave	(sü-a-ve)
fïel	(fï-el)
envidïosa	(en-vi-dï-o-sa)
ardimïento	(ar-di-mï-en-to)
païsaje	(pa-ï-sa-je)
cuïdado	(cu-ï-da-do)
abïerto	(a-bï-er-to)
hüeso	(hü-e-so)

Palabras unidas o separadas

En este caso es impropio hablar de *reglas* puesto que no las hay. La Real Academia Española ha determinado, basándose en la costumbre, qué conjuntos de palabras se escriben de forma compacta formando palabras compuestas o derivadas y qué conjuntos se escriben por separado. Se trata de conjuntos de palabras que forman conceptos unitarios.

1. Se escriben *por separado* las siguientes palabras que forman un conjunto especialmente compacto (generalmente se trata de locuciones preposicionales, adverbiales y conjuntivas; precisamente por el hecho de ser locuciones asociamos sus componentes de forma estrecha):

a bordo	en balde
a cuestas	en cambio
a destiempo	en derredor
alta mar	en donde
a menudo	en efecto
ante todo	en fin
a pesar	en medio
a propósito	en tanto
a través	no obstante
a veces	o sea
de balde	por fin
de bruces	por supuesto
de donde	por tanto
de marras	sin duda
de parte	sin embargo
de pronto	sobre todo
de repente	tos ferina

2. Se admiten escritos por separado o formando una sola palabra los conjuntos siguientes:

adentro	a dentro
aguanieve	agua nieve
alrededor	al rededor
a machamartillo	a macha martillo
apenas	a penas

aposta	a posta
aprisa	a prisa
a rajatabla	a raja tabla
a tocateja	a toca teja
a troche moche	a troche y moche
bocabajo	boca abajo
camposanto	campo santo
caradura	cara dura
cortocircuito	corto circuito
deprisa	de prisa
enfrente	en frente
en horabuena	en hora buena
enseguida	en seguida
entretanto	entre tanto
hierbabuena	hierba buena
infraganti	in fraganti
malhumor	mal humor
padrenuestro	padre nuestro
quintaesencia	quinta esencia
sobremanera	sobre manera
tiquismiquis	tiquis miquis

3 Palabras que deben escribirse unidas formando compuestos:

abajo	antemano
cualquiera	pasamano
acaso	anteojo
cualesquiera	pasatiempo
acerca	antesala
debajo	pisapapel
adelante	aparte
dondequiera	quehacer
además	apenas
enfrente	quienesquiera
adentro	aprisa
entreacto	quienquiera
adonde	atrás
entresuelo	sacacorchos
adrede	bajamar

entretanto	sinnúmero
afuera	bienestar
entretiempo	sinvergüenza
ahora	bienhechor
limpiabotas	sobrehumano
altavoz	conmigo
malcriado	sobrenatural
anoche	contraorden
malgastar	sobrevivir
anteayer	contrapeso
mediodía	también
antebrazo	contratiempo
pararrayos	todavía
bienvenida	cortaúñas

4 Se escriben con guión determinados compuestos que no tienen un valor estable sino que se unen sólo en ciertos contextos:

estudio teórico-práctico
problemática socio-política
relaciones este-oeste
complejo industrial-militar
relaciones norte-sur
código espacio-temporal
dialecto astur-leonés
contencioso jurídico-administrativo
dialecto navarro-aragonés
colaboración hispano-francesa
espíritu ascético-místico
frontera germano-belga
oposición amor-odio
pregunta filosófico-teológica
máquina-herramienta
tensión Oriente-Occidente

5 Para la escritura de los números, consúltese el tema *Los numerales*.

Partición de palabras

En la escritura, la última palabra de un renglón, si no cabe entera, no puede dividirse arbitrariamente. Se ha de respetar su composición silábica y se ha de marcar su división mediante un guión. Si tuviéramos que repartir en dos líneas las palabras *pron-ti-tud, ser-vi-cio, sal-va-ción*, habría que hacerlo según esa división silábica, es decir, por donde señalan los guiones, no de otra manera. A esta regla general se le añaden diversos matices.

1. Las palabras se dividen por sílabas; una sílaba nunca debe dividirse:

ce- pi- llo	(*no* cep- illo *ni* cepil- lo)
ar- gen- ti- no	(*no* arg- ent- ino)
te- le- vi- sión	(*no* te- lev- isi- ón)
cau- te- la	(*no* ca- u- te- la)

2. Las vocales contiguas no pueden separarse en líneas distintas si van formando diptongo *(te-néis)* o triptongo *(es-tu-diéis)*, ni siquiera si llevan una *h* intercalada:

can- téis	parti- réis
va- ciáis	averi- guáis
ahu- mado	cohi- bido
rehu- só	ahu- yenta

3. Las vocales contiguas en hiato *(ma- re- a- do)* no pueden separarse en líneas distintas a no ser que entre ellas se intercale una *h*:

va- hí- do	bú- ho
océa- no	caó- ti- co
al- co- hol	ta- húr
can- ta- ríais	eté- reo

4. Las palabras compuestas por dos elementos reconocibles como palabras usuales, o si uno de estos es un prefijo, podrán separarse silábicamente o por sus dos componentes (aunque esta división no coincida con la silábica):

desa- hogo	des- ahogo
extraor- dinario	extra- ordinario
hispanoa- lemán	hispano- alemán
ina- preciable	in- apreciable

5 Si la primera o la última sílaba de una palabra estuviera formada por una sola vocal, no deberá escribirse ésta separada del resto a no ser que vaya precedida de una *h*:

aper- tura (*sería incorrecto escribir*: a-pertura)
te- nía (*sería incorrecto escribir*: tení- a)
aba-há (*sería incorrecto escribir*: abah-á)

6 Si la sílaba que debe ser separada contiene una *h* a continuación de una consonante, ésta se escribe al final de un renglón y la *h* al principio del siguiente:

des- humanizado
clor- hídrico
al- haraca
ex- hibir
des- hidratar
desin- hibición

7 Los grupos consonánticos han de respetarse como componentes de una misma sílaba:

trans- porte (*no* tran- sporte)
abs- ceso (*no* ab- sceso)
apá- tri- da (*no* apát- rida)

8 Si dos consonantes consecutivas no forman parte del mismo grupo silábico, cada una de ellas se escribirá unida a la vocal con la que forma sílaba:

ac- ceso
colum- na
defec- to
im- perio
prác- tica
con- nivencia
ac- ción
car- tilla

9 Si dos letras van unidas para formar un sonido *(ch, ll, rr, gu, qu)* no pueden separarse en ningún caso:

acha- tar
alla- nar
aque- ja- do
gui- ja- rro
aca- rrear
agu- sa- na- do

10 Las palabras que contienen el grupo *tl* pueden dividirse según la pronunciación del español europeo *(at-le-ta)* o según la pronunciación del español americano *(pentá- tlon)*:

trasa- tlántico	trasat- lántico
pentá- tlon	pentát- lon
decá- tlon	decát- lon

11 Las palabras que contienen *x* seguida de vocal pueden dividirse —si no es posible eludir la partición por ese punto— de modo que la *x* quede unida a la vocal siguiente:

má- ximo (*o* máxi- mo)
ta- xista (*o* taxis- ta)
conve- xidad (*o* convexi- dad)

12 Si una palabra está formada por siglas no deberá separarse en ningún caso:

UNESCO (*no* UNES- CO)	INTELSAT (*no* INTEL- SAT)
INRI (*no* IN- RI)	NAFTA (*no* NAF- TA)

13 Las palabras extranjeras se dividirán según las reglas anteriores aunque en su lengua originaria se sigan normas diferentes:

sué- ter	af- faire/affai- re
cow- boy	auto- estop/autoes- top

14 Se recomienda evitar las particiones que originan combinaciones de las llamadas malsonantes, como podría ocurrir con estas palabras:

espectáculo	sacerdote
esteta	tubérculo
Chicago	arameo
diputado	penetrar

Palabras que se pronuncian igual

Algunas palabras tienen significados diferentes según se escriban, por ejemplo, con *v* o con *b*, con *h* o sin ella: son *homónimas* u *homófonas*. Otros ejemplos de homonimia se producen como consecuencia de determinadas formas de pronunciación (*yeísmo*, *seseo* y *ceceo*). Para todos los casos de confusión de homónimos, la única regla posible consiste en diferenciar claramente los significados respectivos y en poner especial atención a las exigencias del contexto.

Palabras homófonas que se diferencian en la escritura por escribirse con *b* o con *v*:

abalar: 'mover de sitio'
avalar: 'garantizar'

abiar: 'manzanilla'
aviar: 'preparar la comida'

abocar: 'verter por la boca'
avocar: 'atraerse un juez una causa'

acerbo: 'amargo'
acervo: 'montón de cosas menudas'

albino: 'blanquecino'
alvino: 'referente al bajo vientre'

baca: 'armazón que sirve de portaequipajes'
vaca: 'animal'

bacía: 'jofaina'
vacía: 'desocupada'

bacilar: 'referente a los bacilos'
vacilar: 'oscilar'

bacilo: 'bacteria'
vacilo: del v. *vacilar*

bajilla: 'dim. de *baja*'
vajilla: 'conjunto de platos y vasos'

bale: del v. *balar*
vale: del v. *valer*; boleto

balido: 'voz de algunos animales'
valido: 'protegido del rey'

balón: 'pelota'
valón: 'de Valonia'

bao: 'barrote para sostener techos'
vaho: 'vapor'

baqueta: 'varilla'
vaqueta: 'cuero curtido'

bario: 'elemento químico'
vario: 'diverso'

barón: 'título nobiliario'
varón: 'persona de sexo masculino'

basar: 'sustentar'
vasar: 'estante para vasos'

basca: 'náusea'
vasca: 'del País Vasco'

bascular: 'balancear'
vascular: 'de los vasos sanguíneos'

base: 'fundamento'
vase: 'se va', v. *ir* + se

basto: 'tosco'; 'palo de la baraja'
vasto: 'extenso'

bate: del v. *batir*; 'palo del béisbol'
vate: 'poeta'

baya: 'fruto carnoso'; 'yegua amarillenta'
vaya: del v. *ir*

bello: 'hermoso'
vello: 'pelo corto y fino'

beta: 'letra griega'
veta: 'filón'; del v. *vetar*; 'prohibir'

bidente: 'de dos dientes'
vidente: 'adivino'

bienes: 'propiedades'
vienes: del v. *venir*

bolada: 'ganga, oportunidad'
volada: 'vuelo corto'

bolado: 'negocio, asunto'
volado: 'que sobresale de un soporte'

bolear: 'cazar animales con boleadoras'
volear: 'golpear en el aire'

bota: 'calzado'; 'recipiente de cuero'
vota: del v. *votar*

botar: 'dar saltos'; 'echar un barco al agua'
votar: 'dar el voto'

bote: 'salto'; 'embarcación'
vote: del v. *votar*

boto: 'bota alta'
voto: 'decisión electoral'

cabe: 'junto a'; del v. *caber*
cave: del v. *cavar*

cabila: 'tribu bereber'
cavila: del v. *cavilar*

combino: del v. *combinar*
convino: del v. *convenir*

corbeta: 'barco ligero'
corveta: 'pirueta del caballo'

grabar: 'labrar, esculpir'
gravar: 'imponer una carga'

hierba: 'planta de tallo tierno'
hierva: del v. *hervir*

nabal: 'referido a nabos'
naval: 'referido a naves'

rebelar(se): 'levantarse contra la autoridad'
revelar: 'descubrir'

recabar: 'pedir'
recavar: 'volver a cavar'

ribera: 'orilla'
rivera: 'riachuelo'

sabia: 'la que sabe mucho'
savia: 'jugo de las plantas'

silba: del v. *silbar*
silva: 'combinación de versos'

tubo: 'cilindro'
tuvo: del v. *tener*

2 Palabras homófonas que se diferencian en la escritura por escribirse con *h* o sin ella:

a: preposición
ha: del v. *haber*

ablando: del v. *ablandar*
hablando: del v. *hablar*

abría: del v. *abrir*
habría: del v. *haber*

acedera: 'planta comestible'
hacedera: 'la que hace algo'

ahí: 'en ese lugar'
hay: del v. *haber*

ala: 'extremidad de las aves'
¡hala!: interjección

alagar: 'llenar de charcos'
halagar: 'adular'

alar: 'alero'
halar: 'tirar de un cabo'

aprender: 'llegar a saber con el estudio'
aprehender: 'capturar'

aprensión: 'recelo'
aprehensión: 'acto de aprehender'

arte: 'habilidad'
harte: del v. *hartar*

as: 'campeón'
has: del v. *haber*

asta: 'cuerno de un animal'
hasta: preposición

atajo: 'senda por donde se acorta camino'
hatajo: 'rebaño'

ato: del v. *atar*
hato: 'envoltorio de ropa'

¡ay!: interjección que denota dolor
hay: del v. *haber*

aya: 'la que cuida a los niños'
haya: 'tipo de árbol'; del v. *haber*

azar: 'suerte'
azahar: 'flor del naranjo'

desecho: 'lo que se rechaza'
deshecho: 'desarreglado'

deshojar: 'quitar hojas'
desojar: 'mirar con mucho esfuerzo'

echo: del v. *echar*
hecho: del v. *hacer*

errar: 'equivocarse'
herrar: 'poner herraduras'

ético: 'referente a la moral'
hético: 'tuberculoso'

¡ah!: interjección que denota asombro
ha: del v. *haber*

habano: 'natural de La Habana'
abano: 'abanico'

habitar: 'ocupar'
abitar: 'amarrar un cabo'

haré: del v. *hacer*
aré: del v. *arar*

haya: 'tipo de árbol'; forma del v. *haber*
halla: del v. *hallar*

he: del v. *haber*
¡eh!: interjección para llamar

hice: del v. *hacer*
ice: del v. *izar*

hierro: 'metal'
yerro: 'equivocación'

hizo: del v. *hacer*
izo: del v. *izar*

hojear: 'pasar hojas de un libro'
ojear: 'echar un vistazo'

¡hola!: interjección de saludo
ola: 'movimiento del agua del mar'

honda: 'profunda'
onda: 'movimiento del agua'

hora: 'fracción de sesenta minutos'
ora: del v. *orar*

horca: 'patíbulo'
orca: 'tipo de cetáceo'

huso: 'objeto cilíndrico que sirve para hilar'
uso: 'utilización'

¡oh!: interjección que expresa sorpresa
o: conjunción

olla: 'recipiente'
hoya: 'llanura rodeada de montañas'

ollar: 'orificio nasal de las caballerías'
hollar: 'pisar'

rehusar: 'rechazar'
reusar: 'emplear de nuevo'

yendo: del v. *ir*
hiendo: del v. *hendir*

3 Palabras que resultan homófonas por efecto del yeísmo, pero que se diferencian en la escritura por escribirse con *ll* o con *y*:

abollar: 'llenar de abolladuras'
aboyar: 'poner boyas'

arrollar: 'atropellar'
arroyar: 'formar arroyos'

arrollo: del v. *arrollar*
arroyo: 'corriente escasa de agua'

ayes: 'lamentaciones'
halles: del v. *hallar*

ayo: 'el que cuida a los niños'
hallo: del v. *hallar*

bolla: 'bola de harina cocida'
boya: 'cuerpo flotante'

callado: 'silencioso'
cayado: 'bastón'

callo: del v. *callar*; 'dureza'
cayo: 'isla arenosa'

calló: del v. *callar*
cayó: del v. *caer*

falla: 'defecto'; 'hoguera'; del v. *fallar*
faya: 'tejido'; 'peñasco'

gallo: 'macho de la gallina'
gayo: 'alegre'

halla: del v. *hallar*
haya: 'tipo de árbol'

haya: del v. *haber*
aya: 'la que cuida a los niños'

hulla: 'carbón'
huya: del v. *huir*

malla: 'redecilla'
maya: 'pueblo amerindio'

mallar: 'hacer malla'
mayar: 'maullar'

olla: 'recipiente'
hoya: 'llanura rodeada de montañas'

pollo: 'cría de ave'
poyo: 'repisa'

pulla: 'burla'
puya: 'pica'

rallador: 'raspador'
rayador: 'ave marina'

rallar: 'desmenuzar'
rayar: 'hacer rayas'

rallo: 'desmenuzador'; del v. *rallar*
rayo: 'chispa eléctrica'

rollo: 'cilindro'
royo: 'rojo'

valla: 'cerca de madera'
vaya: del v. *ir*

4 Palabras homónimas que se diferencian en la escritura por escribirse con *g* o con *j*:

gira: 'viaje por diferentes lugares'
jira: 'merienda campestre'

ingerir: 'tragar'
injerir: 'entrometerse'

ingerencia: 'ingestión'
injerencia: 'intromisión'

5 Palabras homófonas que se diferencian en la escritura por escribirse con *s* o con *x*:

contesto: del v. *contestar*
contexto: 'el entorno de un texto'

esotérico: 'oculto'
exotérico: 'vulgar'

espiar: 'acechar'
expiar: 'pagar una culpa'

espirar: 'echar el aire fuera al respirar'
expirar: 'morir'

estático: 'quieto'
extático: 'en éxtasis'

estirpe: 'linaje'
extirpe: del v. *extirpar*

lasitud: 'cansancio'
laxitud: 'relajamiento'

laso: 'cansado'
laxo: 'blando'

seso: 'cerebro'
sexo: 'constitución fisiológica que distingue al macho de la hembra'

6 Palabras que resultan homófonas para los hablantes seseantes por llevar *c* o *s*:

acechanza: 'acecho'
asechanza: 'trampa'

acecinar: 'secar las carnes'
asesinar: 'matar a alguien'

bracero: 'jornalero'
brasero: 'recipiente para calentar'

cebo: 'trampa'
sebo: 'grasa'

cede: del v. *ceder*
sede: 'residencia'

cegar: 'deslumbrar'
segar: 'cortar'

cenador: 'en los jardines, espacio cercado'
senador: 'que pertenece al senado'

cera: 'sustancia para hacer velas'
sera: 'capacho de esparto'

cerrar: 'clausurar'
serrar: 'cortar con una sierra'

cesión: 'entrega'
sesión: 'reunión'

ciervo: 'tipo de rumiante'
siervo: 'servidor'

cima: 'la parte más alta de una montaña'
sima: 'cavidad profunda'

cidra: 'fruto parecido al limón'
sidra: 'zumo de las manzanas'

cien: 'diez veces diez'
sien: 'parte lateral de la cabeza'

cierra: del v. *cerrar*
sierra: 'instrumento para cortar'

cocer: 'hervir'
coser: 'unir con hilo'

cocido: 'tipo de guiso'
cosido: 'unido con hilo'

concejo: 'ayuntamiento'
consejo: 'sugerencia'

heces: 'restos'
eses: 'plural de la *ese*'

vocear: 'dar voces'
vosear: 'emplear el pronombre *vos*'

7 Palabras que resultan homófonas para los hablantes seseantes por llevar *z* o *s*:

abrazar: 'coger entre los brazos'
abrasar: 'quemar'

as: 'campeón'
has: del v. *haber*

asía: del v. *asir*
hacía: del v. *hacer*

asiendo: del v. *asir*
haciendo: del v. *hacer*

azada: 'herramienta para cavar'
asada: 'pasada por el fuego'

bazar: 'tienda'
basar: 'fundamentar'

braza: 'unidad de longitud'
brasa: 'ascua'

bazo: 'víscera de los vertebrados'
vaso: 'recipiente para beber líquidos'

bezo: 'labio grueso'
beso: 'acción de tocar con los labios'

caza: 'acción de cazar'
casa: 'vivienda'

cazo: 'recipiente con mango'
caso: 'asunto'

has: del v. *haber*
haz: 'conjunto de cosas'; del v. *hacer*

hozar: 'remover la tierra con el hocico'
osar: 'atreverse'

loza: 'barro cocido y barnizado'
losa: 'baldosa'

maza: 'utensilio con mango para golpear'
masa: 'mezcla blanda'; 'multitud'

pozo: 'hoyo profundo para sacar agua'
poso: 'residuo'

rebozar: 'untar en huevo o harina'
rebosar: 'derramarse'

rezuma: del v. *rezumar*
resuma: del v. *resumir*

saga: 'leyenda'
zaga: 'parte posterior de una cosa'

vez: 'cada realización de un suceso'
ves: del v. *ver*

zeta: 'última letra del alfabeto'
seta: 'tipo de hongo'

zumo: 'jugo'
sumo: 'muy grande'; del v. *sumar*

zueco: 'calzado de madera'
sueco: 'de Suecia'

8 Palabras que varían de significación según se escriban juntas o separadas (homónimos sintácticos):

abajo: *Lo puso abajo.*
a bajo: *A bajo precio.*

abulto: *Con esta ropa abulto mucho.*
a bulto: *Lo eligió a bulto.*

acerca: *Acerca de su hermano lo ignora todo.*
a cerca: *Llegó a cerca del Paraná.*

adonde: *Irá al lugar adonde le digas.*
a donde: ('a la casa de') *Va a donde Pedro.*

adondequiera: ('a cualquier parte') *Me lo encuentro adondequiera que vaya.*
adonde quiera: *El país adonde quiera irme, lo sabrás a su debido tiempo.*

aparte: *Deja aparte esa cuestión.*
a parte: *No lleva a parte alguna.*

apenas: *Apenas lo veo.*
a penas: *A penas y a fatigas no hay quien lo gane.*

asimismo: ('también') *Juan lo hizo asimismo.*
así mismo: ('del mismo modo') *Así mismo que Pedro.*
a sí mismo: ('a él mismo') *Lo mandó aunque se perjudicaba a sí mismo.*

conque: *Sabes que no me gusta, conque procura no traerlo mucho por casa.*
con que: *El dinero con que pago.*
con qué: *No sé con qué dinero piensa pagar.*

debajo: *La maleta está debajo de la cama.*
de bajo: *Es de bajo nivel.*

demás: *A los demás no les importa.*
de más: *Está de más decirlo.*

dondequiera: *Te querré dondequiera que estés.*
donde quiera: *Tendrá plaza donde quiera estudiar.*

haber: *De haber sabido que vendrías no me hubiera marchado.*
a ver: *A ver si me atrapas.*

malentendido: *Hubo un malentendido entre ellos.*
mal entendido: *Ha sido mal entendido lo que ha dicho.*

malpensado: *No seas malpensado.*
mal pensado: *Eso que dices no está mal pensado.*

medianoche: *Ya es medianoche y todavía no ha vuelto.*
media noche: *Se pasó media noche buscándolo.*

mediodía: *Comeremos juntos a mediodía.*
medio día: *Trabajó medio día nada más.*

porvenir: *Nadie conoce el porvenir.*
por venir: *Por venir temprano tuvieron premio.*

porque: *No estás contento porque no quieres.*
por que: *Abogó por que no insistieran en su demanda.*
porqué: *Tendrá su porqué, no digo que no.*
por qué: *¿Por qué no me avisaste?*

quienquiera: *Quienquiera que sea, que pase.*
quien quiera: *Mi padre se lo dará a quien quiera.*

sinfín: *Dijo un sinfín de mentiras.*
sin fin: *Dijo mentiras sin fin.*

sinrazón: *Esto es un abuso y una sinrazón.*
sin razón: *Me insultó sin razón aparente.*

sinsabor: *Tus palabras son un amargo sinsabor para mí.*
sin sabor: *Éste es un plato sin sabor.*

sinvergüenza: *El sinvergüenza de tu primo.*
sin vergüenza: *Habla sin vergüenza alguna.*

sinnúmero: *Tiene un sinnúmero de mariposas disecadas.*
sin número: *Andas sin número de matrícula.*

sobretodo: *Se puso el sobretodo verde.*
sobre todo: *Sobre todo ten mucho cuidado.*

también: *También matan a los corderos en el matadero.*
tan bien: *Canta tan bien que es difícil no emocionarse escuchándolo.*

tampoco: *Hoy tampoco ha venido.*
tan poco: *¡Ha llovido tan poco...!*

sino: *No lo hizo el padre sino el hijo.*
si no: *Si no lo hizo el padre, lo haría el hijo.*

Palabras parecidas

Llamamos *parónimas* a aquellas palabras que guardan un cierto parecido fonético entre sí (por ejemplo, *exotérico* y *esotérico*), por lo que a veces pueden confundirse en la escritura o servir erróneamente de modelo ortográfico para la escritura de otros términos de parecida sonoridad.

Algunas parejas y tríos de palabras parónimas que deben conocerse para evitar su confusión:

abad: 'superior de un monasterio'
abate: 'clérigo de órdenes menores'

abertura: 'orificio de entrada'
apertura: 'comienzo'

absceso: 'acumulación de pus'
acceso: 'paso'

absolver: 'exculpar'
absorber: 'tragar'

abyección: 'degradación'
deyección: 'deposición'

accesible: 'que se llega fácilmente'
asequible: 'que se puede adquirir'

accidente: 'percance'
incidente: 'pequeño suceso'

actitud: 'manera de comportarse'
aptitud: 'habilidad'

adoptar: 'prohijar'
adaptar: 'ajustar'

adicción: 'dependencia'
adición: 'suma'

afección: 'enfermedad'
afectación: 'engreimiento'

afectividad: 'emotividad'
efectividad: 'operatividad'

afectivo: 'cariñoso'
efectivo: 'que da resultado'

afecto: 'cariño'
efecto: 'consecuencia'

agostar: 'secarse las plantas por el calor'
agotar: 'cansar'

alocución: 'discurso'
elocución: 'manera de hablar'

alternancia: 'sucesión de variaciones'
alternativa: 'opción'

alud: 'avalancha'
talud: 'inclinación de un terreno'

aludir: 'citar'
eludir: 'evitar'

alusión: 'mención'
elusión: 'omisión'

apacible: 'tranquilo'
impasible: 'que no se inmuta'

apertura: 'comienzo'
obertura: 'parte instrumental con que se inicia una ópera'

apócrifo: 'falsificado'
hipócrita: 'fingidor'

apóstrofe: 'invocación'
apóstrofo: 'signo gráfico de omisión'

aprender: 'llegar a conocer'
aprehender: 'capturar'

artificial: 'lo hecho por el hombre'
artificioso: 'poco espontáneo'

ascético: 'que lleva una vida de renuncia'
aséptico: 'desinfectado'

auspicio: 'protección'
hospicio: 'orfelinato'

bula: 'dispensa'
gula: 'vicio de comer en exceso'

casual: 'azaroso'
causal: 'lo que se refiere a la causa'

cesión: 'donación'
sesión: 'cada reunión de una serie'

erupción: 'expulsión violenta'
irrupción: 'entrada brusca'

esotérico: 'secreto'
exotérico: 'asequible a todos'

especie: 'categoría, clase'
especia: 'sustancia para condimentar'

espiar: 'vigilar'
expiar: 'pagar culpas'

estático: 'sin movimiento'
extático: 'en éxtasis'

expedir: 'enviar'
expender: 'vender'

evocar: 'recordar'
invocar: 'llamar'

infestar: 'llenar'
infectar: 'contagiar'

infligir: 'imponer'
infringir: 'no respetar una norma'

intercesión: 'mediación'
intersección: 'cruce'

intimar: 'congeniar'
intimidar: 'impresionar'

lasitud: 'debilidad'
laxitud: 'relajación'

mistificación *o* mixtificación: 'falsificación'
mitificación: 'idealización'

paráfrasis: 'interpretación de un texto'
perífrasis: 'rodeo expresivo'

perjuicio: 'daño'
prejuicio: 'idea preconcebida'

prescribir: 'recetar'
proscribir: 'prohibir'

proveer: 'suministrar'
prever: 'ver con antelación, intuir'

relevar: 'sustituir'
revelar: 'descubrir'

retracción: 'aislamiento'
retractación: 'negación de lo dicho'

sensual: 'relativo a las sensaciones'
sexual: 'referente al sexo'

súbdito: 'sometido a la autoridad de otro'
súbito: 'repentino'

sugestión: 'influencia'
sujeción: 'acción de sujetar'

Palabras que pueden inducir a error

Muchas de las faltas de ortografía que se suelen cometer son debidas a tomar, al escribir ciertas palabras, como punto de referencia o modelo ortográfico otras de escritura diferente con las que, sin embargo, mantienen algún grado de analogía o de parentesco. Por ejemplo, *cirugía* con respecto a *cirujano, elijo* con respecto a *eligió*, etcétera.

1 Algunas palabras analógicas con *v/b*:

abeja/avispa
abogado/advocación
avilense/abulense
abalanzarse/avalancha
absorber/absolver/observar/resolver
carabela/calavera
cavidad/cabida
precaver/caber
sílaba/saliva
trivial/tribal

2 Algunas palabras analógicas con *g/j* o *j/g*:

cirugía/cirujano
coger: cogió, cojo, coges, coja, *etc.*
decir: digo, dije, dijo, *etc.*
corregir: corrijo, corrige, corrigió, *etc.*
exigir: exijo, exige, exigió, *etc.*
tejer/escoger, recoger, converger, *etc.*
crujir/fingir, compungir, sumergir, *etc.*
paradójico/filológico, fisiológico, *etc.*

3 Algunas palabras analógicas con *h* o sin ella:

acción/hacer
oquedad/hueco
orfandad/huérfano/orfanato
óseo/hueso/osamenta
rehusar/usar
umbral/húmedo

invierno/hibernación/hibernar
exuberante/exhaustivo
hilo/ilación/hilar
hincar/izar
ortodoxo/heterodoxo
hombro/omóplato

4 Algunas palabras analógicas con *s* o *x*:

escéptico/excepto
espectador/expectación
extremo/estreno
estrato/extracto
distorsión/extorsión
exquisito/esquivo/esqueje

5 Algunas palabras analógicas con *z/c*:

alcanzar: alcance, alcanzo, *etc.*
vencer: venzo, vence, *etc.*
cabeza/cabecera
hechizo/hechicero
lápiz: lápices
hoz: hoces
hacer: hace, hizo, hicimos, *etc.*
trasluz/traslúcido

6 Algunas palabras analógicas con *trans-/tras-*. (Las de la primera columna pueden escribirse también con la forma simplificada *tras-*; las de la segunda columna, en cambio, sólo admiten una forma.)

transbordo	trasfondo
transcontinental	trasladar
transcribir	trasnochar
transcurso	traspaso
transferencia	traspié
transmisor	trastorno
transportar	trastocar
transparencia	trasto
transpirar	trasquilar

transgresión
transformación
transvasar
trascendencia
traslación
trastrocar
trasmano
trashumancia
trasluz
trasplantar

Palabras con dos grafías

Llamamos *heterógrafas* a aquellas palabras que, bien por razón de su origen (por ejemplo, extranjerismos adaptados al español), bien por presentar inicialmente una grafía poco común en nuestra lengua (por ejemplo, algunos cultismos), han llegado a simplificar su escritura y pueden actualmente escribirse de dos formas (la originaria y la simplificada) sin que ello afecte a su significado.

1. Algunas palabras (heterógrafas) pueden escribirse indistintamente con *h* o sin ella:

¡ala!/¡hala!
arpillera/harpillera
harmonía/armonía
harpa/arpa
arriero/harriero
desarrapado/desharrapado
barahúnda/baraúnda
arpía/harpía
hiedra/yedra
harria/arria
hierba/yerba
sabihondo/sabiondo

2. Palabras heterógrafas con *w/v*. La primera forma es la preferible por ser más coherente con la pronunciación española:

valón/walón
velintonia/wellingtonia
váter/wáter
valquiria/walkiria
vodca/vodka/wodka
volframio/wolframio
vatio/watio

3. Palabras heterógrafas por su terminación:

reloj/reló
harén/harem
coñac/coñá
bistec/bisté
chevió/cheviot
carnet/carné

bungaló/bungalow
chalé/chalet
debut/debú
vermú/vermut
querub/querube
yidis/yídish

4 Palabras heterógrafas por escribirse con *k/qu*. (Se pone primero la forma más adecuada a la tradición ortográfica española.)

quilógramo/kilogramo
quéfir/kéfir
quepis/kepis
faquir/fakir
quiosco/kiosco
búnquer/búnker
quilopondio/kilopondio
quimono/kimono

5 Palabras heterógrafas por escribirse con *z/c*:

ácimo/ázimo
ceda/ceta/zeda
ceugma/zeugma
cinc/zinc
acimut/azimut
celandés/zelandés
cicigia/zizigia
zenit/cenit

6 Palabras heterógrafas por escribirse con *tras-* o *trans-*. (La forma preferible es la primera.)

transalpino/trasalpino
transandino/trasandino
transatlántico/trasatlántico
transcripción/trascripción
transbordar/trasbordar
transcurso/trascurso
transferencia/trasferencia
transformar/trasformar
transmediterráneo/trasmediterráneo
transmisión/trasmisión
transposición/trasposición
transportar/trasportar
trascendencia/transcendencia
traslación/translación
transversal/trasversal
tránsfuga/trásfuga

7 Palabras heterógrafas por escribirse con *subs-/sus-*. (La forma preferible es la primera.)

sustancia/substancia
sustrato/substrato
sustraer/substraer
sustracción/substracción
sustitución/substitución
sustantivo/substantivo
suscribir/subscribir
suscriptor/subscriptor

8 Palabras heterógrafas por empezar con *ps-/s-*. (En el uso escrito se prefiere la primera fórmula.)

psicología/sicología
seudónimo/pseudónimo
psiquiatra/siquiatra
seudópodo/pseudópodo
psicosis/sicosis
seudoprofeta/pseudoprofeta
psicoanálisis/sicoanálisis
psicoterapia/sicoterapia

9 Palabras heterógrafas por empezar con *gn-/n-*. (En el uso escrito se prefiere la primera fórmula.)

gneis/neis
gnomo/nomo
gnoseología/noseología
gnosticismo/nosticismo
gnómico/nómico
gnomon/nomon
gnosis/nosis
gnomónica/nomónica

10 Palabras heterógrafas por empezar con *mn-/n-*. (La primera fórmula es la preferible.)

mnemotecnia/nemotecnia
mnemónica/nemónica
mnemotécnico/nemotécnico
mnemónico/nemónico

11 Otros heterógrafos con grupos consonánticos completos y simplificados. (La primera fórmula es la preferible.)

oscuro/obscuro
adscrito/adscripto
septiembre/setiembre
oscurecer/obscurecer
construir/costruir
constreñir/costreñir

constiparse/costiparse	infrascrito/infrascripto
séptimo/sétimo	neumático/pneumático

12 De las palabras que empiezan por el grupo *pt-* (todas ellas cultismos) son muy pocas las que presentan doble escritura:

pterodáctilo	ptolemaico/tolemaico
pteridofita	ptomaína/tomaína
pteróclido	ptialina/tialina
pterigión	ptialismo/tialismo

13 Palabras que pueden escribirse juntas o separadas sin que cambie el significado:

deprisa/de prisa
entretanto/entre tanto
eccehomo/ecce homo
en seguida/enseguida
aguanieve/agua nieve
caradura/cara dura
quintaesencia/quinta esencia
tiquismiquis/tiquis miquis

14 En un grupo muy reducido de palabras se escriben por tradición las grafías *x* o *j* para representar el mismo sonido, el de la *j*. En todos estos casos la *x* debe pronunciarse como *j*, nunca como *x*:

México/Méjico	mexicano/mejicano
Texas/Tejas	texano/tejano
Oaxaca/Oajaca	oaxaqueño/oajaqueño
Jerez/Xerez	jerezano/xerezano

15 Palabras con el prefijo *pos-/post-*. Este prefijo de origen latino significa 'detrás o después de'. Aunque es preferible la forma *pos-*, sobre todo ante consonante, unas pocas palabras pueden escribirse de una u otra manera indistintamente:

posdata/postdata
posfijo/postfijo
pospalatal/postpalatal
posmeridiano/postmeridiano
posguerra/postguerra
poscomunión/postcomunión

Abreviaturas

Una abreviatura es una forma de representar en la escritura palabras con sólo una o algunas de sus letras. La abreviatura, para ser eficaz, tiene que permitir la deducción de su significado fácilmente.

Como la posibilidad de emplear abreviaturas depende de lo que sea usual en cada contexto, es muy difícil establecer listas con todas ellas, por lo que en diccionarios, catálogos, referencias bibliográficas, etc., suele facilitarse una tabla con las empleadas en cada caso.

Respecto a la ortografía de las abreviaturas deben tenerse presentes las siguientes normas.

1. Las abreviaturas irán escritas en minúscula y seguidas de su correspondiente punto (lo que no impide que pueda escribirse a continuación coma, punto y coma, paréntesis o cualquier otro signo de puntuación):

   adv. (adverbio)
   admón. (administración)
   Ud., que sabe bien de qué estoy hablando, me entenderá mejor que nadie.
   Sr.: Le escribo para contarle lo que ha pasado con su coche.

2. Se exceptúan de la primera parte de la regla 1 las abreviaturas de nombres propios y trato a personas de respeto o dignidad, que irán siempre en mayúscula.

   a. de C. (antes de Cristo)
   Ud. (usted)
   Sr. D. (señor don)

3. Se exceptúan de la segunda parte de la regla 1 los símbolos, esto es, las abreviaturas utilizadas internacionalmente para representar unidades de peso, medida, monedas, fórmulas químicas, etc., que no irán seguidos de punto.

   l (litro) — m (metro)
   a (área) — cl (centilitro)
   Hl (hectolitro) — Hm (hectómetro)

4. Lista de las abreviaturas más frecuentes:

a	área
(a)	alias

AA. VV.	autores varios
a. de C.	antes de Cristo
admón.	administración
afmo.	afectísimo
a. m.	*ante merídiem* (antes del mediodía)
a. n. e.	antes de nuestra era
art.	artículo
át.	ático
avda. (*o* ave., más usual en México) y av.	avenida
C. (*o* C/.)	calle
c/c.	cuenta corriente
c.c.	centímetros cúbicos
cap.	capítulo
cf. *o* cfr.	*cónfer* (véase)
cg	centigramo
Cía. *o* cía.	compañía
cl	centilitro
cm	centímetro
D.	don
Da.	doña
dcha. (*o* der., más usual)	derecha
d. de C.	después de Cristo
dg	decigramo
dl	decilitro
dm	decímetro
Dr.	doctor
Dra.	doctora
E	este (punto cardinal)
entlo.	entresuelo
etc.	etcétera
Excmo., Excma.	Excelentísimo, Excelentísima
Fr.	fray
g	gramo
gén.	género
ha	hectárea
ib., ibíd.	ibídem (en el mismo lugar)

íd.	ídem (lo mismo)
Ilmo., Ilma.	ilustrísimo, ilustrísima
ít.	ítem (del mismo modo)
izqda. (*o* izq., más usual)	izquierda
kg	kilogramo
km	kilómetro
l	litro
Lic., Lcdo.	licenciado
loc. cit.	*loco citato* (en el lugar citado)
m	metro
mg	miligramo
Mm	miriámetro
mm	milímetro
ms.	manuscrito
mss.	manuscritos
N	norte
Not.	notable (calificación escolar)
N. B.	*Nota bene* (nótese bien)
no., nº o núm.	número
ntro.	nuestro
Ntra. Sra.	Nuestra Señora
O	oeste
O. M.	Orden Ministerial
p. a.	por autorización
p., pág., pp., págs.	página, páginas
pbro.	presbítero
pdo.	pasado
p. ej.	por ejemplo
p. m.	*post merídiem* (después del mediodía)
p. o.	por orden
pral.	principal
prof.	profesor
prov.	provincia
P.S. *o* P.D.	*post scriptum* (posdata)
ptas. *o* pts.	pesetas
q.e.p.d.	que en paz descanse
Rev.	reverendo

R.I.P.	*requiescat in pace* (descanse en paz)
S. (*o* Sn., más usual en México)	san, santo
S	sur
S.ª, Sra.	señora
S. A.	sociedad anónima
S. A. R.	Su Alteza Real
S. L.	sociedad limitada
sig., sigs.	siguiente, siguientes
S. M.	Su Majestad
Sr.	señor
Sra.	señora
Srta.	señorita
S.S.	Su Santidad
s.s.s.	su seguro servidor
SS.AA.	Sus Altezas
Tm	tonelada métrica
t.	tomo
Ud., Vd.	usted
Uds., Vds.	ustedes
v.	véase, verso, verbo
vdo., vda.	viudo, viuda
V. E.	vuecencia
v. gr.	verbigracia
vid.	*vide* (véase)
V.º B.º y también Vo. Bo.	visto bueno
vol., vols.	volumen, volúmenes
V. O.	versión original
V. O. S. E.	versión original subtitulada en español

Acrónimos y siglas

Los acrónimos son palabras formadas a partir de las iniciales o de las primeras sílabas de enunciados más amplios. Se leen como palabras normales, sin deletrear. Las siglas son iniciales que representan palabras con gran presencia en la vida pública y cuya frecuencia de uso ha consolidado esta forma de abreviatura. Se leen deletreando. La actividad comercial o la asociativa ha propiciado su uso como queda patente en las siglas ya tradicionales de S.A. *(Sociedad Anónima)* o en las de partidos y sindicatos (*I.U., P.P., U.G.T.,* etc.).

1. En la formación de los acrónimos se procura incorporar vocales para que la palabra sea fácil de pronunciar. Así sucede en *RENFE (Red Nacional de Ferrocarriles Españoles)* o en la de origen inglés *radar (radio detection and ranging)*. Otros acrónimos son, por ejemplo:

   BUP (Bachillerato Unificado Polivalente)
   COU (Curso de Orientación Universitaria)
   AVE (Alta Velocidad Española)
   APA (Asociación de Padres de Alumnos)

2. La escritura de los acrónimos suele hacerse con mayúsculas, sin conservar los puntos de las iniciales y sin acentos. Algunos acrónimos, en cambio, se escriben como palabras normales, con minúsculas y acentos, si los requieren, sin delatar su origen:

   ESO (Educación Secundaria Obligatoria)
   CEPYME (Confederación Española de la Pequeña y Mediana Empresa)
   sonar (sound navigation ranging)
   láser (light amplification by stimulating emission of radiation)

3. El plural de los acrónimos es problemático. La práctica ha consolidado que los que se escriben con mayúsculas no tienen flexión de plural en la escritura, aunque el plural se manifieste en la pronunciación, y los que se escriben con minúscula sí la tienen puesto que son como palabras normales:

   Las APA han pedido la gestión de la venta de los libros escolares.
   Las UVI estaban a pleno rendimiento a raíz de la catástrofe.
   Los radares no detectaron ninguna presencia extraña.

4 La formación de las siglas es fiel a las iniciales del enunciado, sin incluir vocales para formar sílabas a no ser que sean iniciales, y sin pretender representar la pronunciación completa del término resultante:

Hermanos Pérez, S.L. (*se lee* Hermanos Pérez, sociedad limitada *o* ese ele).
I.B. Menéndez Pidal (*se lee* ibe *o* Instituto de Bachillerato Menéndez Pidal).
A.T.S. (*se lee* a te ese *o* Ayudante Técnico Sanitario).

5 La escritura de las siglas se hace siempre con mayúsculas, generalmente con puntos (aunque cuanto más frecuentes son las siglas más aparecen sin ellos), y sin dejar espacio entre las distintas iniciales:

U.G.T. (Unión General de Trabajadores)
I.R.P.F. (Impuesto sobre la Renta Personal y Familiar)
DDT (Diclorodifeniltricloroetano)
OCDE (Organización para la Cooperación y el Desarrollo Económico)

6 El plural de las siglas se suele manifestar doblando las iniciales. La duplicación se da en los enunciados de dos palabras, pero no en los de tres o más. Al doblarse las siglas pueden escribirse con punto después de cada pareja y sin separación entre ellas o sin puntos y con una separación:

EE.UU. (Estados Unidos) o EE UU*
CC.OO. (Comisiones Obreras) o CC OO
VV.AA. (Varios autores) o VV AA
AA.VV. (Asociaciones de vecinos) o AA VV
E.A.U. (Emiratos Árabes Unidos)

*El uso de estas siglas en el español se hace cada vez menos frecuente. Han venido sustituyéndose por E.U.A., Estados Unidos de América.

Adaptación de palabras extranjeras

Las palabras que se incorporan al español procedentes de otras lenguas tienden en mayor o menor medida a adaptar su pronunciación y su escritura a las de nuestra lengua. Aunque sea difícil establecer reglas en este proceso de adaptación por la gran variedad de casos, he aquí algunas tendencias.

Algunas palabras que originariamente llevaban las letras *k* y *w* —ajenas en principio a nuestro abecedario— se han españolizado y otras admiten, al menos, la doble escritura:

valón/walón
quilómetro/kilómetro
velintonia/wellingtonia
quilolitro/kilolitro
güisqui/whisky
quilogramo/kilogramo
volframio/wólfram/wolframio
coque/cok
quilo/kilo
quiosco/kiosco
biquini/bikini
cabila/kabila
críquet (*no* cricket)
esmoquin (*no* smoking)
folclor (*no* folklore)
disquete (*no* diskette)
haraquiri/harakiri
yóquey (*no* jockey)
baraca/baraka
gincana (*no* gymkhana)
vatio/watio
sángüiche/sándwich
sánscrito (*no* sánskrito)
suajili (*no* swahili)
suéter (*no* sweater)
póquer (*no* póker)

2 Cuando una palabra de procedencia extranjera termina en una consonante extraña entre las terminaciones españolas, se tiende a su simplificación:

ayatolá (*no* ayatollah)
coñá (*también vale* coñac)
bidé (*no* bidet)
bloc (*no* block)
bulevar (*no* boulevard)
bufé (*no* buffet)
bumerán (*no* boomerang)
vikingo (*no* viking)
chalé/chalet
cabaré/cabaret
dandi/dandy
compló/complot
fiordo (*no* fiord)
debú/debut
bungaló/bungalow
bisté/bistec
béisbol (*no* baseball)
boicoteo/boicot
gongo/gong
flas (*no* flash)
poni/póney
telefilme (*no* telefilm)

3 Una excepción a la regla anterior la ofrecen las palabras latinas, que sólo tienden a adaptar su terminación en los nombres que admiten variación del singular al plural:

ultimátum/ultimátums/ultimatos
álbum/álbumes
fórum/foro/foros
plácet/plácet
superávit/superávit
déficit/déficit
accésit/accésit
quórum/quórum
currículum/currículo/currículos

memorándum/memorandos
desiderándum/desiderata/desideratas
tedéum/tedéum
referéndum/referendo/referendos
recésit/recésit

4 Reducción de los grupos vocálicos y consonánticos internos:

buqué/buquet (*mejor que* bouquet)
confeti (*no* confetti)
espagueti (*no* spaghetti)
crupier (*no* croupier)
cuché (*no* couché)
turné (*no* tourné)
alegro (*no* allegro)
casete (*no* cassette)
cóctel (*no* cocktail)
cruasán (*no* croissant)
gueto (*no* ghetto)
dríblin (*no* dribbling)
yidis/yídish (*no* yiddish)
yogur (*no* yoghourt)

5 Asimilación de los sonidos consonánticos iniciales a la escritura española:

escáner (*no* scanner)
esplín (*no* spleen)
escúter (*no* scooter)
estadio (*no* stádium)
eslalon (*no* slalon)
estraperlo (*no* straperlo)
esmoquin (*no* smoking)
esnifar (*no* snifar)
espaguetis (*no* spaghetti)
estándar (*no* standard)
estrés (*no* stress)
estéreo (*no* stereo)

6 Algunas palabras de origen extranjero que deben acentuarse según las reglas de la acentuación española (→ el apartado *Acentuación de palabras extranjeras*):

dóberman	masái
moái	samurái
bonsái	líder
híper	súper
gángster	máster
córner	cóctel
suéter	búnquer/búnker
dúplex	télex

7 Otros casos de adaptación a la pronunciación y a la ortografía españolas:

besamel (*no* bechamel)
beis (*no* beige)
bricolaje (*no* bricolage)
cartel (*no* cártel)
champán/champaña (*no* champagne)
nailon (*no* nylon)
cliché (*no* clisé)
champú (*no* shampoo)

8 Plural de los nombres cuya terminación no es habitual en español:

club/clube	clubes
brandy	brandies
anorak	anoraks
ballet	ballets
esnob	esnobs
fax	fax
pub	pubs
rally	rallies
récord	récords
yupy	yupies
télex	télex
gag	gags

Esta obra se terminó de imprimir en abril de 2007 en
Litográfica Ingramex, S.A. de C.V., Centeno 162-1
Col. Granjas Esmeralda, México, D.F.